深耕《大学》

SHENGENG DAXUE

洪烈营 编著

北方文艺出版社

·哈尔滨·

图书在版编目（CIP）数据

深耕《大学》/ 洪烈营编著. -- 哈尔滨：
北方文艺出版社，2023.3
　　ISBN 978-7-5317-5833-4

Ⅰ.①深… Ⅱ.①洪… Ⅲ.①儒家②《大学》- 青少年读物 Ⅳ.① B222.1-49

中国国家版本馆 CIP 数据核字（2023）第 028970 号

深耕《大学》
SHENGENG DAXUE

作　　　者 / 洪烈营	
责任编辑 / 富翔强	装帧设计 / 圣立文化
出版发行 / 北方文艺出版社	邮　　编 / 150008
发行电话 /（0451）86825533	经　　销 / 新华书店
地　　址 / 哈尔滨市南岗区宣庆小区 1 号楼	网　　址 / www.bfwy.com
印　　刷 / 四川立杨彩色印务有限公司	开　　本 / 710mm×1000mm 1/16
字　　数 / 150 千	印　　张 / 12.25
版　　次 / 2023 年 3 月第 1 版	印　　次 / 2023 年 3 月第 1 次印刷
书　　号 / ISBN 978-7-5317-5833-4	定　　价 / 58.00 元

序 一
传承中华文化
坚守育人初心

◎ 傅先亮

国家如树，文化如根，只有根脉发达，国家才能繁荣昌盛。文化的传承、心灵的建设，是教育工作者的担当与使命。

我们之所以是中国人，不是因为我们的黄皮肤，也不是因为我们的黑头发，不是因为我们用筷子吃饭，也不是因为我们用汉语交流。最根本的是因为我们受到几千年中华文化的滋养，我们怎样去思考，我们如何去追求，都体现着中华文化的特点。中华文化就是我们精神的命脉、心灵的家园。

学习中国传统文化，"体会中华文化的博大精深、源远流长，体会中华文化的核心思想理念和人文精神，增强文化自信，理解、认同、热爱中华文化，继承、弘扬中华优秀传统文化和革命文化"，这是"新课标"对中学语文教育的要求。顺应时代发展的需求，镇安中学成立国学社，鼓励老师们努力学习传统文化、弘扬传统文化，用传统文化点亮课堂，点亮学生的生命。

洪烈营老师编著的这本《深耕〈大学〉》，解读了我们中华民族的精神特质。从"格物、致知、诚意、正心、修身、齐家、治国、平天下"，让学生懂得中华民族自强不息的探究、进取、奋斗精神和家国天下的济世情怀。由"明明德"而懂得，中华民族是一个向内求索、寻求自悟内省、追求精神自由的智慧民族；由"亲民"而懂得，中华民族自古以来就是一个以民为本、讲究奉献的民族；由"止于至善"而懂得，中华民族是一个以和为贵、崇尚美善的民族。《大学》里的"三纲"是我们中华民族的文化基因，"八目"是我们修养身心、提升层次的阶梯。

《深耕〈大学〉》从现代意义上弘扬了社会主义核心价值观。这既是对传统的继承，也是对传统的弘扬与发展。洪老师结合史实和现代生活中的鲜活事例，深度解读了"修身立德"对个人发展的意义，阐明了学校教育要"以德为本"的重要性。教育的目的，不是灌输死知识，也不是传授求生技能，而是培养学生健全的人格，启迪学生的智慧，发展学生的思维，提升学生的审美能力，树立学生的正确价值观念，让学生成为一个有理想、有担当、有情怀、有操守、有气魄、有格局的堂堂正正的人，一个能为家庭负责、为社会负责、为国家负责的德才兼备的人。解读《大学》，就是通过传统文化，涵养学生的德行，催生学生的愿力。该书是一本难得的《大学》校本研修教材。

洪老师对《大学》的解读深入浅出，用贴近生活的事例，让原本深奥难懂的文言字句变得浅显易懂。解读的内容方方面面，有家国情怀的熏陶，有理想信念的坚守，有为人处世的分析，有学校教育和家庭教育的指引，有情感关系的透视，有生命意义的探寻，有自性觉悟的回归。无论是学做"大人"的学生，还是已成"大人"的成人，手捧此书，都定会从中感受到中华文化之大美和中华文化之大用。

国学社和镇安中学各位老师在洪老师的引领下，积极投身于传统文化的学习中，对传统文化的领悟深刻而又各具特色。我为镇安中学有这样一群热爱传统文化、积极参与传统文化传播的老师而感到自豪。你们就是文脉的赓续者、文化的传播者，是学生灵魂的摆渡人、价值观的引路人。你们培养的学生是祖国未来的接班人，青年强则国强，青年有希望则民族有希望。因此，我为你们的热爱和敬业点赞。

"一个国家、一个民族的强盛，总是以文化兴盛为支撑的，中华民族伟大复兴需要以中华文化发展繁荣为条件。"学校是育人的摇篮，办学则是为了促进国家强盛。文化兴则校兴，校兴则国兴。传承中华文化是教育者的使命，希望所有的教育工作者，不辱传承使命，坚守育人初心。

序 二

◎ 洪烈营

《大学》被列为"四书"之首，全书虽仅有1700余字，可其中的学问博大精深。经过几千年的时光流转、大浪淘沙，许多典籍早已湮没在时光的洪流中，而《大学》里的智慧却穿越时空，在浩如烟海的中华文化宝库里历久弥新，闪耀光芒。

《大学》是《礼记》中的一篇。有些版本的《大学》是直接节录的《礼记》原文，章节段落区分得不是很明显。朱熹将其重新划分了段落，他注的《大学》，对章节的排列次序做了新的调整，脉络清晰。现在我们学习的《大学》，大多是朱熹调整后的版本。

《大学》既是学者"初学入德之门"，又是整个儒家思想体系的最高纲领，是过去千百年历史中所有文人学子的必读书目。它是中国古代的"帝王之学",宗旨为"内圣外王"。意为要做"圣王",首先得"内圣",即提高内在的道德修养。只有"内圣"的功夫到家了,才可以"外王",去做管理和服务人民的事务。

时光流逝,历史变迁。对于我们各行各业的普通人来说,提升个人的道德修养,并在实际生活中去践行,也是人生的重要课题。《大学》是大人之学,是心灵层次较高的教育。这里的"大人",不是指年龄意义上的大人,而是指一个拥有高等智慧、高等心灵品质的人,是指一个灵魂丰盈、人格成熟的人,是指一个超越了小我,拥有大眼光、大胸怀、大气魄、大格局、大境界、大气象的人。

时代变化了,受教育的对象和范围也都发生了变化。用现在的意识来解读《大学》,它不再只是人类历史上最精深的政治哲学,还是祖先为我们留下的一部宝贵的思想教育大纲,传达了以品德教育为核心的德才并重的教育理念。它有三纲、八目。三纲指"明明德、亲民、止于至善"。这是《大学》的核心宗旨,指出人最终要往哪里走,即"止于至善"。八目是"格物、致知、诚意、正心、修身、齐家、治国、平天下"。这是实现三纲目标的具体步骤，指出我们怎么做才能"止于至善"。总之，《大学》以"德治"为核心，强调以德修身。

古今中外，教育的发展、人才的培养，无一例外都注重对德行的培养、智慧的启迪。个人的修养提高了，能改变个人的命运；国民的修养提高了，能改变国家的命运。那么，人类的总体素质提高了，人类的命运相应就改变了。因此，提升人的道德修养，是全人类教育的重大使命。

教育要"为党育人，为国育才"。育什么样的人？育德才兼备的人，育能为中华民族伟大复兴而担当、奋斗、奉献的人。

作为教育工作者，我们就是中华文化的传播者，是中华文脉的赓续者。我们的使命，就是发展生命、成就生命，让我们遇到的每一个生命都变得更美好。美好的社会终归要靠美好的人构建。我们的工作，就是在学生的心灵上绣花，在学生的精神上雕刻，在学生的灵魂里施肥、播种。那么，就用《大学》里的智慧与美德去催生种子，去培育花朵，去涵养精神。因为《大学》里充满了人生哲学。既然是思考人的精妙哲学，只要有人的地方，它就永不过时。既然是思考人的哲学，它就不仅适用于古人，也适用于今人；不仅适用于中国人，也适用于外国人；不仅适用于个人，也适用于全人类。

因此，《大学》不仅是中华优秀传统文化的瑰宝，也是人类文化的精华。作为中华儿女的我们，当深耕其中，从中汲取营养，涵养德行，提升修为，润泽生命，进而学会在天地间做一个真正的"人"。

目录 CONTENTS

经文 ············ 001

第一章 释「明明德」 ············ 026

第二章 释「新民」 ············ 035

第三章 释「止于至善」 ············ 046

第四章 释「本末」 ············ 064

第五章 释「格物、致知」 ············ 072

第六章 释「诚意」 ············ 090

第七章 释「正心、修身」 ············ 101

第八章 释「修身、齐家」 ············ 113

第九章 释「齐家、治国」 ············ 127

第十章 释「治国、平天下」 ············ 147

后记 ············ 183

经　文

三　纲

大学①之道②，在明明德③，在亲民④，在止于至善⑤。

【注释】

①大学：太学。始创于西汉，鼎盛于东汉，历经两晋、南北朝，历时六七百年，直至隋唐时期才慢慢被国子监代替。太学是中国古代的一种大学，始设于汉武帝元朔五年（前124年）。上古时期的大学称"成均""上庠"。董仲舒曰："五帝名大学曰成均。"郑玄注："上庠为大学，在王城西郊。"至夏商周，大学在夏为东序，在殷为右学，在周有东胶，而周朝又曾设五大学——东为东序，西为瞽宗，南为成均，北为上庠，中为辟雍。到了汉代，朝廷在京师设太学，为中央官学、最高学府，太学祭酒兼掌全国教育行政。隋代后改为国子监，国子监内同时又设太学。

②道：道本义为道路。由道路之义可引申为动词，表示

取道、经过。由道的本义还可引申出抽象意义的方法、技艺、规律、学说、道义等意义。在中国古代哲学、政治学里，"道"有时指宇宙万物的本原、本体，有时指原则，有时指一定的世界观、政治观或思想体系。这里可理解为《大学》里的教育方针。

③明明德：前一个明，动词，使……彰显；明德，天然赋予人的光明美好的德行。儒家认为，人生来具有善良的德行，即明德。后天因为受到物质利益的蒙蔽、个人知见与经验的拘束，明德受到污染，所以要通过教化，使光明的德行彰显出来。

④亲民：亲，宋代程颐认为，应当作"新"解。新，用作动词，革新的意思。新民，引导人们革除旧的恶习，以彰显其天然固有之善。

⑤止于至善：达到最高的境界。至，极，最。

【白话解读】

经文部分是《大学》的总纲，统摄全书，是全书的宗旨，是后面传文部分的依据。后十章传文是对经文的阐发。经文开宗明义地提出，生命的终极目标"在明明德，在亲民，在止于至善"，这是《大学》三纲。后面依次是"格物、致知、诚意、正心、修身、齐家、治国、平天下"，这是《大学》八目，也是实现三纲的具体步骤。三纲与八目之间的关系是目标和方法的关系。

大学之道，在明明德，在亲民，在止于至善。

《大学》里所讲的圣王之道，在于发扬人心固有的光明的德行，在于改变人们的不良习俗，在于使人们达到最完善的道德境界。

"大学之道"与"小学之道"相对应。古代的"小学"指孩子8岁到15岁的学习阶段。朱熹在《〈大学章句〉序》中说："人生八岁，则自王公以下，至于庶人之子弟，皆入小学，而教之以洒扫、应对、进退之节，礼乐、射御、书数之文。"也就是说，孩子在8岁至15岁要学一些小的技艺，知道一些小的礼仪，做一些力所能及的事情。

古代的"大学"即"太学"，是中国古代的最高学府，就是负责教育未来治国理政的接班人，让这些接班人成年以后，懂得一些深刻的道理，明白人生的意义、活着的目的，让他们思考借之安身立命的东西是什么，这就是所谓的大学之道。所以要进阶大学，学习大人之学，领悟大学之道。而大学之道，明确指出"在明明德，在亲民，在止于至善"。

明明德。

第一个"明"，是动词，使……光明，彰显。第二个"明"，是形容词，意思是光明美好。"明明德"就是彰显我们本来就有的光明德行。我们的光明德行又有什么样的特征呢？"明德"的"明"字一边是日，一边是月，指的是日月的德行，也就是天地大自然的德行。而天地日月、大自然的德行，就是无我无私，普爱一切众生且不求回报。我们是天地自然之子，具备天地自然的本性特点，即生来有明德。孟子说："恻隐之心，人皆有之；羞恶之心，人皆有之；恭敬之心，人皆有之；是非之心，人皆有之。"我们每个人生命中本来就有这些美好的德行，只不过在世俗的生活中渐蒙尘埃，光明纯洁的本性被尘垢污染而无法澄澈。大自然赋予我们"明德"，在生命历程中，我们当保持这种纯洁美好的本性，时时自省，不要使它被污染，如神秀大师说的那样"时时勤拂拭，勿使惹尘埃"，勇敢地去污存真。这种坚守、养护自己美好德行的过程，就是"明明德"的过程。

亲民。

对于它的解释，有学者认为是"亲近百姓"，有学者认为是"做新民"，笔者认为两种意思都讲得通。对自己来说，一个人在"明明德"的情况下，具备天地日月所具有的无我无私普爱众生的光明德行，为了不使自己的心灵被污染，要时时自省、时时自新，做一个干净、纯洁的人。对别人来说，一个人有了日月一般的"明德"，自然能亲近百姓，无差别地对待百姓，为百姓奉献所有。《大学》里对"亲民"的阐述，更多的是教化统治者要"亲近百姓"。

如今，社会飞速发展，角色名目繁多，人与人的关系也越来越呈现出多变性与多样化。无论是国家的领导，还是基层的公务员，倘若心灵蒙尘，"明德"不"明"，就不能够全心全意地亲近民众、服务民众。同样，公司里的员工、学校里的教师、医院里的医生、工厂里的工人，只有内心光明了，才会不计较个人得失，心甘情愿地做好自己的本职工作，服务社会。

一个人，只有放下小我，心甘情愿地为他人着想，为社会服务，才能拥有持久坚持的力量，也才能成为大丈夫，干出一番大事业。袁隆平的一生，就是为人民奉献的一生，他拥"禾下乘凉梦"而长眠，人们得他恩泽而将他永远怀念。

古今中外，能全心全意为天下苍生着想，不为个人得失而考虑的人，他们表现出来的就是如天地般的"明德"。如孔子、老子、孟子、甘地、曼德拉、特蕾莎修女等，都拥有超越了一般思维范畴的"人格"特征，将生命的意义发挥在了服务社会、服务众生上。这才是真正意义上的"亲民"。

止于至善。

至善，最高的善。提高自身的修养，就是把心灵的污点完全去掉，彻底克服掉"人心"，呈现最光亮、最纯净的"道心"状态。这是我们向往的一种境界，它不是一个固定的点，而是一个永远向上走的过程。平时所说的"学无止境"，不仅仅指知识无穷无尽，也指我们自身修养的提高是一个永无止境的过程。

孔子的"吾十有五而志于学，三十而立，四十而不惑，五十而知天命，六十而耳顺，七十而从心所欲，不逾矩"这段话，把孔子一生成长的阶段以及每个阶段的生命状态展示给了我们，为我们提供了一个修行的标准。孔子在十五岁的时候，已经清楚地知道这一生要做什么。三十岁的时候，思想成熟，有了智慧的处世之道，确立了自己的正知正见。四十岁的时候，生命已经很通达，洞悉了人生、社会、宇宙的真理实相，没有什么疑惑了。五十岁的时候，明白了他一生来到人间要承担什么样的使命。六十岁的时候，淡化了"我执"与"法执"，彻底放下了小我，生命中出现的人、事、物，无论顺逆，无论好坏，都是"允许"与"接纳"。七十岁的时候，就到了很高的境界，想做什么就做什么，做什么都是应该做的，都不会超出道德的界限，这表明，他整个生命，没有了"人心"的杂质，全是光明的"道心"，他本身就成了道的化身，他说什么做什么，都是道的代言，真正达到了"至善"的境界。

孔子的一生，是不断向上的一生，是不断淡化"人心"，养护"道心"的一生。司马迁在《孔子世家》的结尾写道："诗有之'高山仰止，景行行止'。虽不能至，然心乡往之。"我们也是，当以孔子为镜，看一看他，照一照自己，虽不能成圣成贤，但是要一直走在向善的路上。

止于至善，对于个人来说，指不断地提升自己的修养，到生命停止的那一刻，修行才算完成，那么，个人的修养就达到了这一生的最高点。对于社会来说，如果每个人自始至终都能彰显光明的德行，把生命的意义发挥出来，深入社会，去感恩、去服务、去回馈，那么这个社会将越来越和谐、越来越文明、越来越富足，就会是人间天堂、尘世净土，就会是"至善"的社会。

总之，《大学》的宗旨就是"在明明德，在亲民，在止于至善"，就是教化我们要提升心灵的层级，认识到自己是自然之子，知道自己本来就有光明的德行，发扬这种美好德行，投身社会，奉献自己，实现自己的价值，活出生命神圣的意义。

人生是一场修行。"修行"，就是修正自己的行为。行为从何而来？行为从心而来，有什么样的心，就有什么样的行。修行就是修心，修一颗天下为公的心，修一颗无私奉献的心，修一颗如日月一般光明的道心。

知 止

知止而后有定①，定而后能静，静而后能安，安而后能虑，虑而后能得②。

【注释】

①止：指所达到的境界，即至善境界。定：确定，目的。

②得：指有所收获，达到至善的境界。

【白话解读】

知止而后有定。

知道了应该到达的境界，然后才能确定志向。

这里的"止"，就是三纲里"止于至善"的止，即到达、停止。知止，就是知道自己要到达的地方，也就是知道自己要往哪里走，要在哪方面发展，想要获得哪种成就。"知止"就是明确自己的人生目标，也指明白什么事该做、什么事不该做。一个明确了人生理想、知道了人生正途的人，当然会明白自己该做和不该做的事分别有哪些。

当一个人目标清楚了，生命就有了方向感，就能笃定地走在自己设定的理想的路上。相反，如果不知"止"，不知道自己这一生到底要什么、干什么，就会如人过十字路口一样迷茫、犹疑，就会像不知道航线的航船一样漂荡无依。

人的一生精力有限，能做成一两件事就非常了不起了。而且我们常常陷入一种困境，就是什么都想要，结果什么都得不到。生命走到尽头，如竹篮打水一场空，人生亦如做了一场繁华的美梦，醒来却是一场空。不知止，则妄念纷纭，见人发财就羡慕，见人成功就嫉妒。教师向往商人的富有，医生向往政客的位高，农人羡慕白领的稳定，白领又羡慕自由职业者的安闲，都不能定于自己所"止"，觉得生活的精彩永远在别处，殊不知在别人眼里，生活的精彩却在自己这边。这就是得陇望蜀的悲哀。

知止了，心定了，就能锚定目标，念兹在兹，排除万难，义无反顾地向前奔赴。钱学森在学生时代就在考虑为中国航天事业的发展做出贡献，可是当时，我国和西方发达国家的科技水平差距悬殊，为了赶上西方发达国家的水平，他选择赴美留学。学成之后，他毅然放弃了美国的优越条件，克服重重险阻回到祖国。他离开祖国的目的是为了回来更好地建设祖国，他能定于他的理想，不忘初心，肩负使命，这种精神感召着一代又一代的人。这才是我们这个时代最亮的星，也是最需要的星！

人贵能知止。知止，就能集中能量做自己想做的事，就能筛选出什么该做、什么不该做，就能抵制诱惑，知道什么能要、什么不能要，就能屏蔽掉生活中许多浪费能量的人和事，减少不必要的攀缘和应酬，自动过滤掉没有意义的琐屑念头，这样才能做成想做的事，做成有意义的事。

所以，我们要常常静下来听一听内心的声音，问一问自己：这辈子到底想要什么？什么是生命必需的东西？什么又是生命中真正重要的东西？年逾不惑，我才渐渐明白："人生中真正重要的，不仅仅是找到自己钟爱的人，还要去做有意义的事。"钟爱的人可以和你携手相伴，共享天伦，共担风雨；做有意义的事则可以让你安顿生命，丰盈灵魂。有意义的事，走出家门做事，感到充实；有钟爱的人，回到家里生活，感到幸福。这样度过一生，一定是幸福无悔的一生。

定而后能静。

志向确定了，然后意念才能宁静而不妄动。

知道人生方向、奋斗目标了，就不会再迷茫、惶恐，心就能安定下来。心定下来，就能越来越安静，妄念就会止息，不太会被外在的境遇干扰，能笃定地做事。就像为生命安了个指南针，无论身处何地，始终都能心有所向。就像一盆浊水，稳稳地放在那里不晃动，尘土就会渐沉，最终泥沙沉底，清浊分明。

静而后能安。

意念宁静了，然后心情才能所处而安。

"安"就是心安，指能一心一意地安住在当下。笔者只有静下来，才能为读者分享《大学》的智慧精要；读者也只有静下来，才能安心地读笔者分享的《大学》心得。苏轼有诗曰"此心安处是吾乡"，只要心安，无论走到哪里，都如在故乡一样平和、喜乐、自在。如若心不安，则无论身在何处，都是在漂泊与流浪。

某堂心灵成长课上，老师曾说："当下的人是最重要的人，当下的事才是最重要的事。"明天永远到不了，无论明天有多少！因为明天只能以今天的模式呈现在我们的生命中。不能随遇而安，只会导致身心异处，灵肉分离。而心安即可得自在。心安了，就对当下的境遇接纳了、认可了。如颜回，"一箪食，一瓢饮，在陋巷，人不堪其忧，回也不改其乐"，别人都忍受不了颜回这种清贫的生活，而他却依然乐在其中。他安于当下的状态，就是中国士大夫典型的安贫乐道思想的体现。

然而，现实生活中，又有多少人能如此欣然地接纳自己当下的状态呢？我们的一生，不会总是一帆风顺，也不可能事事顺意。你想要在某个地方生活，你想要担任某个职务，你想要扮演某个特定的角色，未必都能如你所愿。因为你无法左右你的外缘，你唯能左右的只能是你自己。你只有处在宇宙的顺流当中，接纳身边的一切，允许一切的发生，充分利用现有的条件，发展自己，成长自己，用自己的学识、德行、修养来改变自己的生命状态，才能改变自己的命运。

比如我们搬移居所，虽然生活环境发生改变，工作出行的方式发生改变，一时难以适应，但是变了就是变了，你无法一直用你的旧船票去坐那曾经的客船。只翻看老皇历，就永远不知道新的日子同样精彩。要么改变自己，要么安于当下，整天怨天尤人，不仅于事无补，而且会让自己身心疲惫，苦不堪言。

心宽天地大，心安一切好。心寂寞，所以世界寂寞，就算繁花遍地，你看到的依然是满眼的落寞与寂寥。心安定，所以生活美好，就算身处穷乡僻壤，过着粗茶淡饭的日子，依然觉得有滋有味、活色生香。心安处处是晴天！

安而后能虑，虑而后能得。

心情安适了，然后考虑问题才能周详；考虑问题周详了，然后处理事情才能恰到好处而达到预期的目的。

身心安定了，我们的思考就会充满智慧，思路就会清晰。心安下来的思考与心茫然时的思考，层次是不一样的。心安时的思考，能排除纷扰，厘清哪些事该做、哪些事不该做，直指内心真实的意图。心安时的思考，会更冷静、更明慧。心不安时，就会思绪混乱，念头奔腾不息。念头是世间行走最快的能量，一时天上，一时地下，念念相随，互相缠缚，如此思考，容易出错。许多铸成大错的冲动行为，都是在心不静、心不安的情况下草率做出的。俗话说，冲动是魔鬼，只有冷静下来，深思熟虑之后，才会有智慧生成。诸葛亮所说的"宁静致远"，就是指心静了，心便安了，心安状态下的思考才有高度、有深度。虑而后能得，因为客观冷静地分析后，你便懂得如何去实践，如何去坚持，如何笃定地向理想迈进。一分耕耘，一分收获，自然会水到渠成。

本 末

物有本末①，事有终始。知所先后，则近道②矣。

【注释】

①本末：指树木的根部和树梢，引申为事物的根本与枝节之间的关系。

②道：指大学的宗旨。

【白话解读】

物有本末，事有终始。知所先后，则近道矣。

万物都有它的根本和枝末，凡事都有开始和终结。明白了万事万物的本末和先后，也就等于接近了学习和了解宇宙的大道。

树高千尺，没有发达的根系，就很难枝繁叶茂。

楼高万丈，没有稳固的地基，就很难拔地而起。

如果把我们的人生比作大树和高楼，那什么是我们的"本"？什么是我们的"末"？坚毅的品质、美好的德行就是我们的根系和地基，事业和成就就是我们的花叶和楼身。想要人生的大树枝叶常青、花繁果硕，我们必须扎根大地，广泛地吸收营养；想要搭建人生的高楼，我们先要打好德行的地基。没有深植大地，就不能长成参天大树；没有牢固的地基，高楼大厦必然倾塌。没有知识的积累、品格的锻造、修养的提升、德行的涵养，就很难有成功的事业。

　　事有始终。事情的发展，有先有后，有因有果。做事知道抓住根本、抓住要领的话，往往会事半功倍。如若分不清主次，眉毛胡子一把抓，做事将会事倍功半，浪费时间，消耗生命。这个世界因果不虚，种什么因，就会得什么果。想要人生开出艳丽的花，结出丰硕的果，我们必须在因上努力。你现在的一切，都是过去的你创造的；你未来的一切，都是现在的你正在创造的。别人功成了、名就了、发财了，那都是人家在因上的努力于果上的呈现。有些人看到别人的果就怨天尤人，恨命运不公，造化弄人，自己怎么就没有别人那样的机会和运气。与其抱怨现状惨淡，羡慕别人的树上枝繁叶茂，不如回到自身，反省自己，用更多的时间去学习，去打好自己人生的地基，盖属于自己的人生高楼。

　　没有无缘无故的爱，没有无缘无故的恨，没有无缘无故的成功，没有无缘无故的失败。也许我们努力了，结果仍难如人意，我们能掌控的是自己是否努力，却无法掌控外缘。因此，在事上，我们得有因上努力的决心、果上随缘的豁达。孔子说："不患无位，患所以立。"不要担心没有适合你的职业、你的位置，要担心的是你有没有足以胜任某一职业、某一位置的本领。套用"但行好事，莫问前程"的俗语，在事业的奋进历程中，我们要"但需努力，莫管结果"。只要在当下的每一天，牢牢锁定自己的目标，不断地充实自我，努力一天，就离我们的目标近一点。只要走在奋进的路上，未来就永远充满希望。

　　有了明确的目标，人心就会安定下来。人心安定下来，就能不被扰动，安静地思考。这样的思考必生智慧，必然能明白万事万物发展的本末终始，明白宇宙的本末终始，对人生的真相就能通透了然。这种领悟宇宙、人生真相的智慧，就接近于大道了。

八　目

　　古之欲明明德于天下①者，先治其国②；欲治其国者，先齐其家③；欲齐其家者，先修其身；欲修其身者，先正其心；欲正其心者，先诚其意；欲诚其意者，先致其知④；致知在格物⑤。

　　物格而后知至；知至而后意诚；意诚而后心正；心正而后身修；身修而后家齐；家齐而后国治；国治而后天下平。

　　自天子以至于庶人⑥，壹是皆以修身为本⑦。其本乱而末治者⑧，否矣；其所厚者薄⑨，而其所薄者厚⑩，未之有也⑪！

【注释】

　　①天下：古时多指中国范围内的全部土地、全国，现在多指全世界。

　　②国：周朝实行分封制，最高统治者天子将部分土地连同百姓分封给其兄弟、亲属及功臣，让他们世代统治，受封者称诸侯，诸侯的封地称国。

　　③齐其家：管理好自己的家庭或家族，使家庭或家族和和美美，蒸蒸日上，兴旺发达。周朝的贵族阶层实行封建宗法制，组成以血缘关系为纽带的家族，不同于现代意义上的"家"或者"家庭"。

④致其知：使自己获得知识。致，获得，达到。知，认知，知识。

⑤格物：认识、研究万事万物的原理。格，明辨，领悟，推究。

⑥庶（shù）人：泛指平民百姓。

⑦壹：全，都。

⑧"其本乱"句：本乱，意为本性败坏。末治，意为国家治理成功。

⑨厚者薄：该重视的不重视。

⑩薄者厚：不该重视的加以重视。

⑪未之有也：未有之也。没有这样的道理。

【白话解读】

这三段讲八目之间的关系。"平天下""治国""齐家"是生命的外观，指我们要在社会上承担的事务，即"外王"。"修身""正心""诚意""致知""格物"是生命内在成长的步骤，指我们要不断地提高内在的修养，即"内圣"。其中，强调了"修身"是根本，只有把自我的生命修养修到家了，即"内圣"的功夫做足了，才能在社会上承担事务，干出业绩。

至于什么是格物、致知、诚意、正心、修身、齐家、治国、平天下，怎样去修身，后面传文部分将会分章阐释，在这里就不一一详解。本书只把几个要注意的观点简要说明。

"内圣"是基础，"外王"是结果。"物格而后知至；知至而后意诚；意诚而后心正；心正而后身修"，这是"内圣"的步骤。前面的功夫没修到家，别说"平天下"，连"家"都齐不了。

我们从出生就开始学说话、学走路，认识身边的人和事物，上学后读书识字，直接或间接地明白万事万物之理，这都是格物致知阶段。我们在接触事物、识别事物的时候，就能以万物为师，见贤思齐，认识自己的本性，找到自己的本源，原来物我一源。明白了生命真正的意义是彰显光明的德行，如天地日月一样奉献、施与，就做到了诚意正心。一个人能认识到自己生命的神圣与庄严，就再也不会与庸俗与自私为伍，做人做事就不会只以自己为中心了。达到这种境界，可谓"修身"已成，做到"内圣"了，然后就可以去担当、去实现、去成就了。

修身以后可以齐家。这里的"家"和当今时代的"家"概念有所不同。现代意义上的家，单位相对较小，大部分为几口之家。经营一个几口之家有时都鸡飞狗跳，更别说治理十几口，甚至几百口的大家族，所以齐家是需要管理才能的。

齐家以后是治国。这里的"治国"，不要死抠字眼，以为只是政治人物、领导者物才会担负的责任。这里的"国"是比"家"大的范围，也许是一个大的单位，也许是一个大的团体。先齐家后治国，指把一个大的团体建设好之前，一定要从小的单位做起。如一个校长想把全国的教育发展好，得先把目前管理的这个学校的教育办好，用办这个学校的方法理念再去发展其他学校的教育，定然也会办出特色、办出成效。"国"是一个变化的概念，从小到大，直到现在的中华人民共和国，才是范围最大的"国"。

治国而后平天下。这句话的意思不是把自己的国家治理好了，就要踏平天下，征服世界。中华民族向来以和为贵。我们的文化是包容的文化，我们的胸怀是宇宙的胸怀，我们的文化基因里就有"老吾老，以及人之老，幼吾幼，以及人之幼"的大爱情怀。我们的国家治理好了，国泰民安，快乐富足，我们想让其他国家也国泰民安，快乐富足。孔子说："远人不服，则修文德以来之。既来之，则安之。"我们修的是"文德"，我们用崇高的德行将国家治理得繁荣富强。我们的人民幸福指数高，就会以生在中国为骄傲。人民有信仰，国家就有力量。这种力量就会感召其他国家，赢得他国的尊重和效仿。

最后强调，修身是根本。经文中依次讲三纲、知止、本末、八目，最后郑重强调："自天子以至于庶人，壹是皆以修身为本。其本乱而末治者，否矣；其所厚者薄，而其所薄者厚，未之有也！"指出上自国家领导者，下至普通老百姓，都要以修身为本。

对于普通人来说，修身关乎一辈子的幸福。都说当今社会是一个看脸的社会，但是笔者觉得，与人为善的美德比颜值重要得多。比如婚姻，我们择偶是以德行的优劣和性格的好坏为标准呢，还是看对方是否潇洒漂亮，是否位高权重，是否有房、有车、有存款？对方德行高尚又颜值出众，当然两全其美，如果不能兼而有之，则宁可选择德行优良的人。因为，恋爱的激情在琐碎的生活中容易消退，两情相悦的怦然心动不可能永远保有。生活中有的不仅仅是琴棋书画诗酒花，更多的是柴米油盐酱醋茶。在平淡的流年中，昔时的爱情将会退位，两个相依相伴的人之间，渐渐滋生出的是你中有我、我中有你、彼此不能分离的亲情。最好的关系是爱人、情人、亲人集于一身，彼此携手一生，靠的是良心，靠的是道德，靠的是责任。

所有能真正给人带来幸福感的东西，从来与外在的物质无关，仅仅关乎爱。房子、票子、位子，给人的只是身体欲望的满足、虚荣心的满足。外在物质带来的快乐，来得快也消失得快，只有那些能让人心灵富足、愉悦幸福的东西，才是弥足珍贵的东西。为什么现代人离婚率越来越高，是物质更匮乏了呢，还是精神更飘忽了？或许是因为内在的价值观颠倒了，该看重的却轻视了，该轻视的却看得太重了，即所谓的"其所厚者薄，而其所薄者厚"。

古话说，一个好女人能旺三代人。怎样的女人为好女人？即贤淑聪慧、善良包容、温柔敦厚的女人，说简单些，就是德行高尚的女人。为什么这样的女人能旺三代人？这样的女人对上孝顺懂礼，家有儿媳如此，长辈幸福；这样的女人对夫温柔贤良，包容忍让，凡事以大局为重，不去斤斤计较，有妻如此，丈夫幸福；这样的女人不仅相夫而且教子，对孩子不用过多说教，自己本身就是善的教材，有母如此，是子女的福泽。

在这里，我想说，一个好女人岂止能旺三代人，甚至可以使国运昌盛。明太祖朱元璋的夫人马秀英，俗称"大脚皇后"，在朱元璋打江山、坐江山的过程中，立下了很大的功劳。曾有人评说，朱元璋要是没有这位贤惠的马皇后在身旁相助，恐怕把全天下的人都得罪光了。马皇后明是非，识大体，在朱元璋动不动就要杀功臣的时候，她总是极力劝阻，保护了很多大臣。特别是她智救刘伯温一事，真的令人敬佩。据说，当她发现朱元璋起了要杀刘伯温的心思之后，灵机一动，让太监为刘伯温送去一个礼盒。刘伯温打开一看，盒里装着两颗枣子、一个桃子，他当即明白其意——让他早点出逃。于是，刘伯温成功逃离。马皇后挽救的不仅是刘伯温的生命，还挽救了朱元璋的名声，让他避免背上"滥杀功臣"的骂名。有这样的皇后是人民的幸运、国家的幸运。在历史中，因为皇后的德行有亏而误国的事例还在少数吗？

女人的德行关乎国运，男人的德行也是如此。

中华民族几经磨难，但因为有一代一代中华好儿郎的前赴后继，忘我奉献，才使得我们的民族屹立不倒。文士武将，平民官员，百姓领袖，不胜枚举。孟子、于谦，文天祥、谭嗣同、钱学森、孔繁森、詹天佑、华罗庚……这个名单还可以列得很长很长。

且看原河南省兰考县委书记焦裕禄。他来到"内涝、风沙、盐碱"三害肆虐的兰考，带领全县人民战天斗地，奋力改变兰考的贫困面貌。他说，我们要有革命的胆略，坚决领导全县人民苦战三五年，改变兰考的面貌。不达目的，我们死不瞑目。他去兰考不是为了做官，而是为了给人民谋利益。他始终与老百姓心相连，情相依，同呼吸，共命运。他视人民群众为衣食父母，诚心诚意地当人民的公仆。他走了，却永远活在人们的心中。他犹如一座丰碑，巍巍地矗立在人民的心中。

再多的财富，没办法让你成为圣贤；再高的名位，也未必能够帮你赢得尊重。臧克家说得好："有的人活着，他已经死了；有的人死了，他还活着。有的人，骑在人民头上：'呵，我多伟大！'有的人，俯下身子给人民当牛马。有的人，把名字刻入石头，想'不朽'；有的人，情愿作野草，等着地下的火烧。有的人，他活着别人就不能活；有的人，他活着为了多数人更好地活……"焦裕禄这样的人，虽然死了，却永远活在人间。我们许多现在正活着的人，是否已经死了，这还真是一件需要用时间去检验的事。作为领导者，把老百姓放在第一位，这才是根本。李世民说："水能载舟，亦能覆舟。"得民心者，得天下。

无论是女人还是男人，先修身，再去承担使命，是永不过时的真理。什么叫中国力量？14亿中国人的力量加在一起才叫中国力量。一个企业、一个单位也如此。不是靠老总一个人就能发展好企业，不是靠校长一个人就能办好教育，是靠所有的员工或教师上下一心，众志成城。

所有人都应以修身为本。怎么修？不是非得去寺庙闭目打坐，那不叫真修，真正的修行是在红尘世界中历练。我们要在心上学、事上练。能力是在实践中磨炼出来的，你每一次的成功和失败都有它该告诉你的道理。无论成功和失败，你从中积累的经验和教训是储存在你生命内部的宝贵财富，谁也拿不走。

既然所有人的根本都在于修身，那么在我们的教育上，人才德行方面的培养就尤为重要。人才，先学做好人，再去发挥才。以育人为重，育才次之。德才兼备，德也在先，才在其次。一个考上名校的学生和一个考上普通院校的学生，对社会的贡献未必是前者大、后者小。如果前者修养不够，后者修养很高，那后面这个学生必将更有可为。因为考上名校的学生，比别人有更多的机会，发展的空间也更大，如果他品行不够，不能为单位、国家打拼，一心只为私利，那么这样的人对国家更有危害！而后者，上的学校一般，找工作就很珍惜，因为品德优良，就会安于自己的职业，兢兢业业地干好自己的本职工作。我们的社会不正需要这样安于本职工作的劳动者吗？因此，育人、用人，以德为本，切不可唯分数论优劣。一个分数高而德行不高的孩子不可能有未来。

有人说这个社会是"拼脸"的社会，也有人说这个社会是"拼爹"的社会。其实，从古到今，从中到外，哪个社会都有靠脸、靠爹的人。试问，有几个人靠脸、靠爹干出了轰轰烈烈的事业呢？无非是在人间多了些顺遂、多了些享乐、多了些繁华罢了。这些顺遂、享乐和繁华，对生命的成长、精神的升华又有什么意义呢？

所以说，授人以鱼不如授人以渔。一个机会改变不了孩子的命运，真正改变孩子命运的是他自己的智慧，是他自己坚毅的品质，是他自己的人格操守。一个能为理想而自强不息地去奋斗的人，一个身处逆境而百折不挠地去抗争的人，一个能为大义不斤斤计较而去包容的人，是不会没有改变命运的机会的。

　　打铁需要本身硬，孩子自身素质过硬了，他的未来必然辉煌。我们14亿中国人的素质都过硬了，我们国家的未来必然更辉煌。所以，人是第一位的，修身是第一位的，人都变美好了，社会就会变得更美好。

【学员心得】

"明明德"是一盏不灭的精神火炬

◎ 杜光娥

"大学之道,在明明德,在亲民,在止于至善。"这是《大学》的"三纲",是儒家修身立世的人生阶梯。意思是说,《大学》的宗旨在于弘扬人们光明的德行,进而使人革旧更新,达到最高境界的善。这三句话中,"明明德"是根本,"亲民""止于至善"应该是这根上长出的茂盛枝叶和繁茂花朵。由此可见,"明明德"是修行的起点,是修身的源头。

什么是明明德呢?"明"字,是由"日"和"月"两个字组成。日,就是太阳,主管白天;月,就是月亮,主管黑夜。只要日月出现,地面就会光明亮堂,人就可以看清楚周围的世界,因此把日和月组合起来就象征着"明"字的本义,表示光明、明亮。明德,就是明亮的德行。

明明德,就是要把人们先天的善良本性发挥出来。《三字经》中"人之初,性本善。性相近,习相远",意思是人刚出生的时候,禀性是善良的,但是由于后天的生活环境和学习环境不同,禀性差异会越来越大。所以明明德就是要求人们下功夫,在生活实践中去恶扬善,去蔽扬明,去伪存真,去旧图新,让人心变得更美好、善良,让本性越来越明亮。

什么样的德行算是明德呢?

中国人向来讲究"仁义礼智信,忠孝廉耻勇",它是中国人几千年来不败于世的根本。孔子说的仁,就是爱人。孔子说的义,包括父慈、子孝、夫和、妇从、兄友、弟恭、朋谊、友信、君敬、臣忠十种美德。孔子说的礼,指的是"克己复礼",即克服自己的私欲、私念以达到礼的要求。"非礼勿视,非礼勿听,非礼勿言,非礼勿动",就是说不文明的、不道德的、不美的东西,不看、不听、不说、不做,以此来规范自己的行为,增加自己的美德。孟子进一步提出"四心"说:"恻隐之心,仁之端也;羞恶之心,义之端也;辞让之心,礼之端也;是非之心,智之端也。"其实孟子的"四心"就是仁义礼智之"明德"的种子,把这些美好的品德发挥出来,就有了"仁"的美德、"义"的美德、"礼"的美德和"智"的美德。这就是"明明德"。

所以说,明明德在某种程度上,就是孔子的仁义,就是荀子的善性,就是孟子的四心,就是董仲舒的诚信……概而论之,就是弘扬古代圣贤的仁义礼智信等美德,并以此为发端,不断扩充,便能真正"明明德"。

怎样才能做到明明德呢?

首先,要像古代圣贤及君子那样,日省吾身,去蔽扬明,去浊扬清。曾子曰:"吾日三省吾身:为人谋而不忠乎?与朋友交而不信乎?传不习乎?"自省是一把雕刻刀,一把完美的雕刻刀,"修改"德行的一枝一节,让其趋于完美。

战国时期赵国名将廉颇,因赵王表彰蔺相如的功劳,封蔺相如为上卿,便处处与蔺相如为难,但蔺相如不与之计较。当廉颇听了蔺相如对敌狠、对友宽的肺腑之言后,反省自己,最终悔悟,于是向蔺相如负荆请罪，二人终成好友。这一文一武"将相和"的故事，便一直被传颂至今，成为佳话。廉颇的反省，让他的品性得到了升华，让他找到了正确的方向，从而走向成功。

其次，要取舍有道，慎独慎行。佛说："舍得，舍得，有舍才有得。"人生在世，我们凡夫俗子有着太多的欲望，包括对金钱、名利、情感。但任何事物都是有度的，不及和过之都会产生不良影响。

历史上的贪官，如伯嚭、田蚡、李林甫、秦桧、严嵩、和珅等，这些人位高权重，可他们任凭欲望腐蚀良知而不自知，将权力作为满足私欲的工具。或是为了钱财不惜枉法卖国；或是专权擅政，陷害忠良；或是不顾民生疾苦，为了媚上而大肆搜刮民脂民膏。他们贪心不足，德不配位，横行霸道，忘记了取舍有道，最终祸国殃民，受到了应有的惩罚，永远被钉在历史的耻辱柱上。

有一种人生境界，叫"慎独慎行"。守住一颗善良的初心，任由社会变化万千，心中有神明，做事有规矩，做人讲诚信，表里终如一。用一生的时间来修身，内外兼修。

最后，修德当立身高远，砥砺前行。人生修德应重视道德践履，如琢如磨，借古用今。

越王勾践败于吴王夫差，做了吴王仆役，此后，他便忍辱负重，卧薪尝胆，最终成就了霸业。司马光为了改掉贪睡的坏毛病，便用圆木头做了一个警枕，早上一翻身，头就滑落在床板上，惊醒过来，因此天天早起读书，日复一日，坚持不懈，终成为一个德才兼备之人，编出了《资治通鉴》。

李世民说："以铜为镜，可以正衣冠；以古为镜，可以知兴替。"他是这样说的，也是这样做的。他善于听取大臣们的批评和见解，魏徵直谏两百多次，直陈他的过失，他都能虚心接受，所以李世民被后世推崇为虚心纳谏的典范。

明德如水，无私无色，融入万物，教化无声。做人做事，应该弘扬儒、道、墨、法各家的明德精神，播撒"明德"的种子，奋发向上，切磋践履，修身立德，止于至善。

第一章　释"明明德"

　　《康诰》①曰："克②明德。"《大甲》③曰："顾諟天之明命④。"《帝典》⑤曰："克明峻德⑥。"皆自明也。

【注释】

　　①《康诰》：《尚书·周书》中的一篇，是周公封其弟康叔为卫侯时的诰命。《尚书》又名《书》《书经》，主要是唐、虞、夏、商、周至春秋以前的政治文告和历史资料的汇编，内分《虞书》《夏书》《商书》和《周书》。汉代以后，学者把它列为"五经"之一。

　　②克：能够。

　　③《大（tài）甲》：《尚书·商书》中的篇名，分上、中、下三篇，传为记录伊尹告诫商王太甲以及太甲的往复之辞，这里指的是《大甲上》。太甲是商汤的嫡长孙，伊尹是商朝初年的大臣。大，同"太"。

　　④顾諟（shì）天之明命：《大甲》原句为："伊尹作书曰：先王顾諟天之明命，以承上下神祇。"史载，商王太甲

不明于德，颠覆汤之典刑，故伊尹使太甲居忧于桐宫，要他反省思过，自己代摄国政。太甲居桐宫三年，悔过自新，于是伊尹又把他迎归复位，太甲终于成为贤王。"先王顾諟天之明命"就是伊尹告诫太甲的话，意谓先王（指商汤）念念不忘上天授予的光辉命令。顾，回顾，思念。諟，"是"的古字，此。明命，光辉的命令，也即明德。

⑤《帝典》：《尧典》，《尚书·虞书》中的一篇，主要记述尧、舜二帝的事迹。

⑥克明峻德：《尧典》原句为："曰若稽古帝尧……克明俊德，以亲九族；九族既睦，平章百姓；百姓昭明，协和万邦，黎民于变时雍。"峻，即"俊"，高大，崇高。

【白话解读】

这一章传文是专门解释前面经文中"明明德"的。前三句引用《康诰》《大甲》《帝典》中的话来说明"明明德"的重要性。周公在封他弟弟康叔为卫侯时说："你要能够发扬你固有的光明的德行啊！"《大甲》里说："你要念念不忘上天赐予你的光明的德行啊！"《帝典》里说："你要能够发扬你那伟大而崇高的德行啊！"由这些传统文化典籍里记载的先王们的语录，我们可以得出以下信息。

光明的德行，人生来就有。

人就像一粒种子，种子本身就具备根、茎、叶、花、果、皮的因素。人这粒种子本身包含如骨骼、经络、血肉、毛发组成的身体，如真善美、假恶丑的本性，如喜怒哀乐的情绪，如爱恨悲怨的情感，如认识世界、了悟真理的智慧，等等一切，本自具足。就像一粒玫瑰的种子具有玫瑰的一切因素一样，人这粒种子也具足人的一切因素。否则，玫瑰花就不叫玫瑰花，人就不能被称为人。因此，人生来就具备光明美好、伟大而崇高的德行。

生命的要旨在于发扬光明的德行。

玫瑰的一生是为了开出鲜艳的花朵装点世界；樱桃的一生是为了结出甘美的果实；露珠的一生是为了润泽饥渴的秧苗。万事万物，它自有它该有的天赋使命。我们人活着，就该彰显我们光明的德行，实现我们人所该有的天赋使命，为他人、为社会、为人类、为世界做自己力所能及的事情。

不要一提起为他人、为社会、为人类、为世界做贡献，就只是一句假大空的口号。也不要认为，我们都身如尘芥，怎么能为社会、为世界做贡献，这些都是伟人干的事，国家领导者干的事。

事情不论大小，职业不分贵贱，只要你正在做的事，是对他人无害的、是社会所需的，你就是在为社会做贡献。笔者作为教师，虽然拿了国家的工资来养活自己，但养活自己是为了给祖国培育人才，那么，笔者就是在为国家做贡献，笔者生命的要旨就是为他人、为社会奉献。如果教书客观上为祖国培育了人才、做了贡献，但主观上是为了养活自己，那么，对于所拿的工资永远都不会满足，生命的要旨就变成了：我拼命地工作，只是养活在人间行走的这个"我"。这个目标听起来如此卑微。为什么？因为这违背了"人"所具有的天赋使命。因为我们活着不仅仅是为了活着，活着自有活着的另一番价值。

人活着到底是"为人"还是"为我"，这两种不同的价值观决定了你生命的幸福指数。主观"为我"而努力的人，会患得患失，会斤斤计较，生命始终处于紧缩的状态、抓取的状态。这是"我执"的表现。一个"我执"很重的人，与他人、与外界总会格格不入。因为诸法无常，凡事在变，不随境而变的人，如逆流而行，非常吃力与痛苦，得到了怕失去，失去了会痛苦。而主观上"为人"的人，放下小我，心里装着他人，生命处于开放的状态、包容的状态，做事心甘情愿，得到利益了欢喜，失去利益能随缘。老子说："是以圣人后其身而身先，外其身而身存。非以其无私邪？故能成其私。"有道的人把自己放在后面，反而能赢得爱戴，将自己置之度外，反而能保全自己。因为他的无私，反而能成就他自身。一心为己的人，求不得而苦，一心为人的人，无所求而得到更多，所为何因？因为"一心为人"是宇宙的顺流，顺流而行，顺水顺风，愉悦轻松！

《尚书·大禹谟》里说，人心惟危，道心惟微；惟精惟一，允执厥中，将人心分为"人心"和"道心"。郭继承教授解读，"人心"指人心中的贪欲，是人性中的弱点，容易把人引向危险；"道心"指我们的良知，或叫良心，常常表现得很隐蔽、很微弱。人生中许多纠结、麻烦、苦恼甚至包括人类的战争，都是人心造成的；人生中许多让人感到幸福的事，让人觉得高尚和神圣的事，都是道心使然。为什么道心微弱呢？因为当良心和欲望相遇的时候，道心、良心往往落荒而逃。而当良心和道心最终战胜了欲望的时候，我们便成就了自己的庄严与神圣。

所以说，生命的要旨就在于减弱我们的人心，发扬我们光明的德行，养护我们的道心。由"为己"发展到"为人"，活出该有的精彩。

这一章的最后一句"皆自明也"，是《大学》的作者对前文的总结。意思是说，《康诰》《大甲》《帝典》里如此多让人"明明德"的记录，都是告诉我们：我们要自己让自己觉悟，自己追求自己，自己完成自己，自己点亮自己。

为什么要继承和大力弘扬中华优秀传统文化，因为中华优秀传统文化里蕴藏着我们优良的精神基因。《周易》里说"天行健，君子以自强不息"，教导我们要自己奋发图强。中国的神话里，女娲补天，这是自强；后羿射日，这是自强；夸父逐日，这是自强；精卫填海，这是自强。古代民间故事里，愚公移山，这是自强。历史上，自强不息的典故数不胜数，头悬梁、锥刺股、囊萤映雪、凿壁偷光、卧薪尝胆、闻鸡起舞。无论是古老的神话，还是真实的故事，中国文化都强调命运掌握在我们自己的手中。

古话说，天作孽，犹可违；自作孽，不可活。人，自己放弃自己，谁也救不了你。扶贫要扶其志，其志不自立，咋扶咋贫困。所有的救赎都是自我救赎，所有的生长都是自力更生。一只黄鼠狼生下来会偷鸡，一直到老死，除了衰老的变化之外，还是只会偷鸡。而人就不一样，才生下来，光着屁股并不觉得羞耻，随着年龄的增长，心智在成熟，灵魂在扬升，到老死时，除了衰老的变化之外，情操、人格和修养都在臻于完善。这就是人和动物的区别。动物只是靠本能而活着，而我们人，最高贵的就在于，我们的生命内部有一种向上的愿力。这愿力使得生命不断地净化，不断地提升。这种愿力就是自明，自己开启自己内在的智慧，自己使自己不断地觉悟。而这愿力，就体现了我们作为人的尊严。

人不是被完成的，而是自我完成的；人不是被光大的，而是自我光大的。我们不骄傲自满，也不必妄自菲薄，因为我到底是谁，我自己说了算。

【学员心得】

不忘本末，不负流年

◎ 杜光娥

《大学》第一章说："物有本末，事有终始。知所先后，则近道矣。"接着说，"自天子以至于庶人，壹是皆以修身为本。其本乱而末治者，否矣；其所厚者薄，而其所薄者厚，未之有也！"这两段话要阐明的一个核心观点是，任何事物都有本有末、有始有终，人生的修为应该不忘本末，不负流年。

"本"，就是指树根；"末"，就是指树梢；"本末"，就代表一个事物的根本与末端、因与果、主与次。没有本，就没有末，本是因、末是果，本是主、末是次。对于大树而言，没有树根，就没有茂盛的枝叶，树根才是它生命中最重要的本。对于学习外语来说，只有在学好自己母语的基础上，才能把外语学通，那母语才是根本；对于学习弹奏名曲来说，首先要把乐谱学好才行，那识唱乐谱才是根本；对于练习太极来说，只有学会了牢固的步伐，才能打出优美的招式，那牢固的步伐才是根本。

人生的修为也是这样。生命的组成也有主次之分，修身为根本，德行是人生命中最重要的成分，其他的一切，包括功名、钱财、官职、权力、情感、欲望、私心杂念等都是枝末部分。所以中国古代从天子到平民百姓，一律都以修身养德为根本。清楚了这些，明白了其中的次第，不舍本逐末，修学问和做事情才会得心应手，事半功倍。

中国古代在未开创科举制度之前，选拔官员采用"举孝廉"的方式，把品德放在首位。汉孝惠帝、孝文帝既自身践履孝道大义，又开创了汉世"以孝仁治天下"的教化模式。无论是从《大学》的"修齐治平"，还是从《孝经》的"天子之孝"来讲，汉文帝都完美地体现了以德为重、以明明德为根本。

如果违背了事物发展的规律，舍本逐末，本末倒置，就会受到应有的惩罚。

《孟子·公孙丑》里"揠苗助长"的故事，就是违背了禾苗"发芽—成长—扬花—吐穗—成熟"的生长规律，单凭主观愿望去拔苗助长，急于求成，舍本逐末，致使禾苗全部枯死。当年粮食颗粒无收，农人后悔莫及。

物犹如此，人何以堪？西楚霸王项羽，在秦末群雄逐鹿之时，勇冠三军，破釜沉舟，战得关中，成就一世功名，却败于刘邦之手，为何也？项王作为领导者，进入咸阳后，不求民心，不安军心，而是杀子婴、抢财宝、掠美人，火烧秦宫三月不灭，为自己荣华富贵而放弃天下，岂非舍本逐末之举？最终以"无颜见江东父老"而自刎乌江，令人扼腕叹息之余，更多的是引人深思，警醒后人。

种苗者必培其根，这"培根"就是本；种德者必养其心，这"养心"就是本。修其心治其身，方能厚德载物，而后方可为政于天下。

道德，就好似一个人的灵魂，一个没有灵魂的人就没有生命之本可言。意大利诗人但丁说过这样一句话："一个知识不健全的人可以用道德去弥补，而一个道德不健全的人却难于用知识去弥补。"这句话让我们深深地体会到了道德的重要性。

百年大计，教育为本，教育大计，德育为本。作为一名教育工作者，我们的职责是教书育人，"育人"是"教书"的前提。育人，就是要把学生培养成"德、智、体、美、劳"全面发展的人才，这里把"品德"排在第一位，就是抓住了教书育人的根本。

当代教育家魏书生先生在谈育人方法时说："育人就是帮助学生养成良好的习惯。"他强调："行为养成习惯，习惯形成品质，品质决定命运。"魏老师把学生的"品质"养成，当作德育的根本，教书育人，以德为先。他认为德育教育是从一点一滴抓起的，从培养学生的良好习惯入手，坚持"7个一分钟"和"12个良好学习习惯"。他要求学生坚持"道德长跑"，每天写日记，总结自己的进步，反思自己一天的得失。他的语文课堂，没有把语文教学框定在"分数"上，而是从育人的角度去教语文，学生在学语文的过程中参悟到了做人的道理，培养了自身高尚的道德情操，树立了正确的学习观。就这样，魏老师用自己崇高无私的爱心，点亮了一届又一届学生的心灵；用雕玉琢翠的精神，育出了一批又一批栋梁之材。难怪有人说："魏老师具有'神'的思想品格，他当之无愧啊！"

而反观那些只强调"考考考是老师的法宝，分分分是学生的命根"的做法，显然是违背了教育的规律，是舍本逐末的表现。这样急功近利的做法，只能培养出高分低能的人，甚至培养出高分无德的人，让社会多了一些庸才，多了一些害群之马，那种舍本逐末的育人做法，后果是极其可怕的，应该引起我们每一位教育工作者的深思。

作为一位母亲，我知道母爱的真谛不在于给女儿多少零花钱，买多少漂亮的服装，住多么宽敞的房子，提供多么好的生活环境。所以女儿很小的时候，我就教育她认真做事，善待他人，学会分享，学会感恩，并告诉她"勿以善小而不为，勿以恶小而为之"的道理。这句话说起来简单，在生活中践行起来很难，所以要从小抓起，从娃娃抓起，并且持之以恒督促她，让之成为自觉的行为。我很庆幸，我的女儿已经有了良好的习惯，她有着一颗善良、诚实的心，与人为善，并且懂得感恩，这一点让我很是放心。

孩子的心灵就是一块神奇的土地，播上思想的种子，就会获得行为；播上行为的种子，就能获得习惯；播上习惯的种子，就能获得美德；播上美德的种子，就会获得美好的命运。美德如日光，照耀着每一个生命；美德如花朵，盛开在每一个生命之中。在这里，我真诚地呼吁，每一位为人父母者、每一位教育者、每一位社会成员从"育德"开始，以身作则，榜样示范，唯此，我们的孩子，我们的学生，我们的后辈，才能以身效之，德行天下。

《大学》说："自天子以至于庶人，壹是皆以修身为本。"随着时代的变迁，儒家的一些具体道德规范仍然有积极作用，比如仁爱、取义、礼孝、感恩等，都是人性中最光明的品德，继续滋养着我们的灵魂。

现在，我们更要把以德立身、以德立学作为根本，在修身的路上，让生命的修为有深度、有高度、有温度，一定不要辜负余生流年。

第二章　释"新民"

　　汤之《盘铭》①曰："苟日新②，日日新，又日新。"《康诰》曰："作新民③。"《诗》④曰："周虽旧邦⑤，其命维新⑥。"是故，君子无所不用其极⑦。

【注释】

　　①汤：又称商汤，即商朝的开国君主成汤，后被儒家称为古代圣王之一。《盘铭》：刻在浴盆上的用以自警的铭文。盘，上古时代用青铜制成的沐浴器具。铭，古时镂刻在器皿上的文辞，后来演变为一种文体，叫铭文。

　　②苟：假如，果真。日新：天天更新。新，本指洗涤身上的污垢，使焕然一新，这里双关通过自身修养去恶从善以达到自我更新之意。

　　③作新民：《康诰》的原句为："已，汝惟小子，乃服惟弘王，应保殷民。亦惟助王宅天命，作新民。"是周公告诫其弟康叔之辞，意在指示康叔受封后应从事弘扬王业，保护殷民，以助王安定天命，引导人民自新。作，振作，鼓

励。新民，使民自新，成为一个全新的人。此句证明"经文"中的"在亲民"应为"在新民"。

④《诗》：《诗经》，是中国最早的一部诗歌总集，收有周初至春秋时期的诗歌305篇，包括《国风》《小雅》《大雅》和《颂》四个部分，相传经孔子删定，汉代儒家把它列为"五经"之一。这里的诗引自《诗经·大雅·文王》篇。

⑤周：周朝。旧邦：古老的国家。周自后稷开国，到周文王时代，立国已百余年，故称"旧邦"。

⑥其命维新：指周文王承受上天之命，能够不断自新其德。其命，指周朝所承受的天命。维，句中语气词，帮助判断。

⑦君子：在儒学中有二义。一是从道德上说，指具有高尚品德的人；二是从政治地位而言，指执政者及其政治思想代表。这里指的是第二义，即执政者。极：顶点，最高的境界，这里指"至善"。

【白话解读】

这一章解释三纲中的"新民"。

汤之《盘铭》曰："苟日新，日日新，又日新。"

商朝的开国君王商汤，在沐浴用的铜盆上镂刻铭文说："如果一天能够洗涤自身的污垢，从而焕然一新，那么就该天天这样清洗，并且持之以恒，一天又一天永不间断地如此清洗，永远保持着清洁新鲜的状态。"

我想，这里的"清洗"，不仅仅指清除身体的污垢，更多的指清除心灵的污垢，清除陈腐的思想，让人不仅身体清洁，而且生命从里到外都保持鲜活、通透、洁净、纯粹。

从商汤所刻的铭文可以看出，我们并不固守成规，而是与时俱进，要不然，他为何要在生活中随时可见的地方刻上铭文提醒自己，一定要日日自新，每天都要鲜活，每天都要创新发展。这就是一个励精图治，勇于创新，想要干出一番事业的伟大圣王该有的状态。商汤是伟大的圣王，是我们的祖先，我们心底都埋藏着奋发图强的种子，我们的基因里都蕴含着生机勃勃、日新月异的精神，我们的文化是开放的，我们民族的精神是锐意进取的。

一个国家的领导者、一个企业的管理者、一个单位的引领者，凡能与时俱进、革故鼎新的，都能带领国家、企业、单位走向繁荣与辉煌。

秦孝公任用商鞅变法，使秦国日渐强大，为统一六国奠定了基础。然而，统一六国后，世易时移，秦始皇依然沿用统一前以法治国的策略，因法律严苛而激起民变，使得他设想的万古长青的基业才传至二世就土崩瓦解。唐玄宗李隆基即位之初，励精图治，任用姚崇、宋璟为相，革除弊害，鼓励生产、发展经济，在前王圣治的基础上开创了"开元之治"。然而，唐玄宗晚年骄奢淫逸，终日只顾与贵妃玩乐，不思进取，听信奸臣，最终引发"安史之乱"。秦之兴亡、唐之治乱，无不告诉我们，领导者身居高位，更当身先士卒，改革创新，永不懈怠。

现代社会，这个世界正处在一个大变局中，而"变"的内涵是机遇与风险同在，在变局中，没有原地踏步、抱残守缺的余地。个人、企业、国家想要长足发展，光靠勇于担当的精神远远不够，最关键的是还要有创新的精神。任正非说："不搞创新，就是等死。""创新虽然很艰难，但它是唯一的生存之路，是成功的必经之路。""回顾华为十年的发展历程，我们体会到，没有创新，要在高科技行业中生存下去几乎是不可能的。在这个领域，没有喘气的机会，哪怕只落后一点点，就意味着逐渐死亡。"正因为大胆创新，华为才一步一步走到了今天，取得了瞩目的成就。

《康诰》曰："作新民。"

《康诰》里说："做国君的就该引导人民振作起来，除恶从善，改过自新。"前面说过，做领导者的，不仅自己要自新，还要引导百姓自新。作为领导者、管理者、引领者，也只有自己不断自新，才能带动百姓自新。

做家长的不带头垂范，以身示教，想要孩子刻苦努力，那基本上只是白日做梦，空想而已。家长不论从事什么行业，搞科研也好，开工厂也好，从教从文也好，从政务农也好，只要你每天在本职工作中兢兢业业，乐于进取，你本身就给了孩子一个良好的示范。如果你一天游手好闲，安于现状，得过且过，无论工作还是生活都懒散，把主要的精力用在吃喝玩乐上，你的孩子怎么可能努力上进，追求梦想？这个时候，你扪心自问，你有什么资格指责孩子不学无术？所以，做家长的，想引领孩子自新，自己先要自新。

管理者要带动单位成员进取创新，跟上社会发展的步伐。社会天天在变，世界日新月异，如果一味地僵化保守，最终会被社会淘汰。随着经济的发展，社会需要的专业类别越来越繁杂多样，有些行业需要的人数在减少，有些行业所需的人数却在增多。高校的育人理念与专业的设定，要准确地把脉、精准地定位，以防有的专业学生毕业了供不应求，而有的专业学生毕业就意味着失业。在"数字支付"流行的时代，金融行业当中制钞人员的需求大量减少，是否为高校金融专业的改革提供了有力的证据呢？

一代人有一代人的使命，我们要跟上时代的步伐，做符合时代发展的事，融入时代潮流之中，与时代的脉搏共跳动。时代对人才的需求就是学校育人的依据。就像天气的变化总能在温度计里显示一样，与时俱进，有发展的眼光、创新的气魄，引领单位员工奋力投入改革与建设的洪流中，勇立潮头。

国家的发展也应如此。与世界接轨才有未来。我们要站在中国的窗口看世界的发展趋势，站在世界的窗口看到中国发展的优势与不足，继续发扬传统，想尽办法弥补不足，改进不足。妄自尊大和自暴自弃，都非明智之举。只有更新观念，全民一心，才可形成合力。就像拔河比赛一样，两队人员，一样的人数，一样的力量，如果有一个人不是用力往后拽，而是死死地吊在绳上，那么，这一队必输无疑。所以，倘若所有人都顺流而行，其势必如滔滔江水，势不可当。

《诗》曰："周虽旧邦，其命维新。"

《诗经》里说："周朝虽然是一个古老的国家，但是它所秉承的天命却在不断自我更新。"赞扬西周历代帝王，因为能够不断革新，所以一直保持生机勃勃的状态。周朝虽然最后也灭亡了，但是在《诗经》称颂它的时候，立国才百年，文王、武王都能秉承天命，不断自新。纵观中国几千年的历史，总是遵循"天下分久必合，合久必分"的演化规律，或长或短，分分合合，颠扑不破。难道一代代人辛勤劳动创建的繁荣富庶的国家最后都会消失殆尽？怎样才能打破"合久必分"的魔咒，让国家永续昌宁？

顾炎武说："天下兴亡，匹夫有责。"我们不能因为我们只是普通的公民而将国家富强的愿景，民族复兴的大梦置身事外。位卑不敢忘忧国，国家好了，我们才会好，中国梦，是我们共同的梦！

历史上，不能坚持创新、思想僵化保守的朝代首推清朝。清末实行闭关锁国的政策，人所皆知，这是误国亡国之策。说来真是满腹屈辱，字字血泪。西方国家的坚船利炮都打开国门了，慈禧老人家还做着"天朝上国"的美梦。单就她顽固守旧、孤陋寡闻闹出的笑话，都让人觉得封闭如此，真是丑不堪言。当时，西方资本主义经济迅猛发展，各色商品纷纷涌现。袁世凯为了讨好她，从国外买来一辆汽车送给她，慈禧惊讶地问："这马跑得这么快，一定吃了不少草吧？"把袁世凯弄得哭笑不得。电灯传入中国后，慈禧认为这有伤风化，不肯使用，李莲英偷偷在宫里装了几个，慈禧见到灯火通明，问："为什么在宫中挂这么多茄子？"慈禧坐火车更是闹出了世界级的笑话。她坐火车不能容忍乘务人员坐在那里，让他们必须跪着服务，且要求服务人员必须是太监，不得已，李鸿章只有让司机等人穿上太监的服饰。火车启动后，她老人家嫌噪音太大，强行把车头去掉，结果，太监们把黄绸绑在车厢上，一步一步地用人工拉着火车在轨道上行进。你能想象，这是多么滑稽又令人沉痛的一幕！

"不忘初心、牢记使命"，几代共产党人变法图存，革命救国，建国独立，稳定发展，现在还走在伟大的民族复兴的路上。虽然在发展的路上，我们还要面临许多困难与挑战，但是只要我们有信心、有决心、有耐心、有恒心，上下一心，勇于自新，才能面对新情况、新问题、新挑战，做出新决策，创造新辉煌。

是故，君子无所不用其极。

引用了古代典籍里的话，说明创新变革的重要性之后，《大学》就总结道："所以说啊，作为统治者，无论何时何地，都要尽一切努力去追求引导人民自我更新，以达到'至善'的最高境界。"《大学》是圣王之学，是专门针对统治者的教化之学。让管理者想尽办法引导人民自我更新，强调人民振作起来、奋发起来的重要性。而且，它适用于我们每个人。

生命的可贵在于有向上的愿力，有奋发的活力。人的生命有命定的不可改变的成分，也有靠个人努力可以改变的成分。命定的成分，如你不可改变你的性别，你不可改变你的血缘，你不可改变你出生的地域，这就是你"命运"中"命定"的部分。但是"命运"不是一个点，命是在不断地"运动"生长的，你通过努力可以改变你的"遭际"，这是"命运"中"运"的部分。所以，你不能改"命"，但可以改"运"。一个家财万贯的孩子可能不学无术而坐吃山空，最终一贫如洗；一个出身贫苦的孩子也可以靠自己的勤奋坚毅，跳出"农门"，到广阔的社会舞台里如"龙"飞舞。我们要相信，"命自我立，福自己求"，永远向上奋发，日日自我更新。

我们应当把"苟日新，日日新，又日新"当作自己的座右铭，向商汤学习，永远谦卑，永远向上。比如我们是老师，如果我们只知道学校里的那点事，只知道教学生的那点知识，是永远不够的。我们依然要向社会各行各业的人学习，学习他们面对实际问题的应对能力，学习他们创业中的吃苦精神。只要活着就永远有生活的难题，一旦哪一天你说你生活中所有的麻烦事都没有了，那你的麻烦就大了，或者说，你就真正成了一个大麻烦。

我们从生到死，从咿呀学语到蹒跚学步，从读书认字到识人明理，从成家立业到能独当一面，从步入社会到建功立业，无一不是学习自新的过程。尼采曾说过，人的精神有三变，由骆驼到狮子，再由狮子到婴儿。骆驼的阶段我们学会积累，学会规则，学会服从，学会坚韧；到了狮子阶段，我们学会自主，学会规划，学会进取，学会拼搏与奋发；到了婴儿阶段，我们学会放下，学会淡然，学会清醒。我们的一生，由无知走向睿智，由浅薄走向丰富，由繁华绚烂走向返璞归真，这都是不断自新、勇于改变的结果，是学习的结果，是海纳百川而成就博大的结果，是不断清零而吐故纳新的结果。

"新民"就是不断更新的人。没有哪棵大树能一夜长成，没有哪座高楼能一天拔地起。俗语说得好，火车不是推的，牛皮不是吹的。一个能力超群、智慧绝伦、德行圆满的人不是嘴巴说出来的，也不是瞬间成就的，是在一件件事情当中去历练、去思考而成就的。今天的自己要向昨天的自己告别，明天的自己又是一个新的自己。青山何处不道场，人生处处是道场，请记得，日新，又日新。

这一章反复教导我们要自新，要创新。无论是个人，还是国家，只有在日新月异的变化中，不断地向内自我更新，向外勇于创新，才能与时代的脉搏一起跃动。

一个不学习的人，终会被生活的马车甩出生活的轨道，一个死守教条的国家也不会有辉煌的未来。近代中国百年屈辱史，就是闭关锁国政策的结果。现在的世界呈多元化发展的趋势，中国一方面坚持自我发展，一方面又坚持对外开放，正走在蒸蒸日上的发展道路上。我们要继承并发扬中华优秀传统文化和革命文化，又要摒弃发展的文化糟粕，吸取和借鉴不同民族、不同区域、不同国家的优秀文化，吸收人类文化的精华，使我们的文化更具有包容性，更具有创新性，更具有生机与活力，更能助力中华民族伟大复兴。

【学员心得】

风雨晴空，一路向前

◎ 陈肃静

"苟日新，日日新，又日新。"本义讲的是沐浴，指每天都要洗净身体的污垢，如此，天天坚持冲洗。此处引申为精神上的洗礼、品德上的修炼、思想上的创新。《庄子·知北游》说"澡雪而精神"，《礼记·儒行》也有"澡身而浴德"的说法。其实，清洗肉体污垢的同时，也是在清洗思想、精神、品德上的污垢，事事反省，日日清洗，坚定弃旧，不断革新，坚持不懈，止于至善，从而实现个人人生的蜕变。

人生就是一场修行，我们也可以像商汤一样，把这样的警示语作为座右铭刻在澡盆、床头、案几等我们可以看见的任何地方，时时警醒自己，踏实做事，认真修炼个人美德。修炼德行是一辈子的事，非终身学习不可，向古圣先贤学习，向身边有德行的人学习，向无名无功无利的自然学习。生有涯，而知无涯，止于至善，非终身修炼不可。

时代在不断进步，科技正日新月异，知识更新亦愈益快捷，一切都在悄然变化着。如果我们还固守旧知识、旧经验、旧思维，如果我们不知道天天学习、与时俱进、升级大脑，如何跟得上时代的步伐，赶得上事物的变化，又如何形成正确的认知。身为老师，我们更应不断学习，学习先进的教育理念，学习现代化的教学技能，更新思想，更新知识，学高为师；进一步修炼品德，时时反省，刻刻纠正，身正为范。孔门弟子之所以抛家弃业，心甘情愿地跟随孔子颠沛流离，我想就在于孔子的"学高"与"身正"吧。颜回由衷叹其师曰："仰之弥高，钻之弥坚。瞻之在前，忽焉在后。"子贡将其师比作不可伤之日月，不可阶而升之青天。即便如此，孔子依然学而不已，他说："十室之邑，必有忠信如丘者焉，不如丘之好学也。"孔子尚且好学如此，我们更当学之。见贤思齐焉，见不贤而内自省也。学习，更新的不仅在思想、知识，更在品德。做事亦如此。学习是理论，做事在于实践，理论指导实践，实践出真知，反过来又充实理论，二者相辅相成。在信息飞速发展的今天，日学日新，日实践日进步，于个人而言意义重大，于社会、国家亦同等重要，意义非凡。

"作新民"，当实现人生蜕变。有力量时，则可推己及人，尽己之力影响身边人，进而鼓励他们也弃旧图新。

身为人母，孩子幸福便是我们最大的幸福。都说父母是孩子的第一任老师，为人父母，唯有自己认真学习，踏实做事，用心修炼，才能于潜移默化中影响孩子。"想让孩子成为什么人，自己先成为什么人"，说的就是这个道理。同理，为人师亦如此，要求学生做什么，自己要先做到。平日里，要求学生背诵的东西，我必先背会；要求学生写一篇作文，我定当至少写两篇作文；要求学生诚信，我必坚守诚信。最近学习先秦诸子散文，《论语》《孟子》选文共14课，每一课我都会写一篇读后感，以及至少一篇运用相关话题素材的作文练笔，旨在以身作则，把我认真的学习态度传递给学生，让他们明白勤奋才是进步与成长的王道；把我从文化中得到的滋养推广到学生，希望我的学生也能从中受到滋养，快乐成长，并更好地传承传统文化。作为普通人，我可能没有能力影响更多人，但愿尽己之力提升自己，以全新的面貌影响我的孩子，影响我的学生。

"'周虽旧邦，其命维新。'是故，君子无所不用其极。"周文王虽然身处旧诸侯国，依然笃定顺承天命，日新自己，竭尽所能，达到至善境界，亦推及百姓，称王天下。也许这就是后人敬佩他的重要原因吧。儒家最为关注的是人的培养问题，从孕育、出生到交往、成长，再到规矩、品德、人格等，一切都只为把人培养和锻炼成为"至善"的君子，"日新"即被融入这人格完善的过程之中。文王既是做事的榜样、修身的楷模，亦是育人的典范。

个人成长离不开"日新"，社会进步、国家发展亦是如此。新旧更替，生生不息，此乃天道。中华民族之所以历经磨难，依然屹立于世界民族之林就在于此。此处的"日新"，不仅在于看得见的"物质新"，如经济发展、综合国力等，亦有看不见的"精神新"，认知日日有变化，德行月月有精进。当"物质"与"精神"实现双"新"之时，中华民族的伟大复兴就指日可待。

我虽一介凡夫，依然愿意行走在"日新"的路上，行走在通往"至善"的路上，无论风雨还是晴空，都一路向前。

第三章　释"止于至善"

《诗》①云:"邦畿千里②,维民所止③。"《诗》云④:"缗蛮⑤黄鸟,止于丘隅⑥。"子曰⑦:"于止⑧,知其所止,可以人而不如鸟乎?"

《诗》⑨云:"穆穆文王⑩,於缉熙敬止⑪。"为人君,止于仁;为人臣,止于敬;为人子,止于孝;为人父,止于慈;与国人交,止于信。

《诗》⑫云:"瞻彼淇澳,菉竹猗猗⑬。有斐君子,如切如磋,如琢如磨⑭。瑟兮僩兮,赫兮喧兮⑮。有斐君子,终不可諠⑯兮。"如切如磋者,道学也;如琢如磨者,自修也;瑟兮僩兮者,恂栗⑰也;赫兮喧兮者,威仪也;有斐君子,终不可諠兮者,道盛德至善,民之不能忘也。

《诗》⑱云:"於戏!前王不忘⑲。"君子贤其贤而亲其亲⑳,小人㉑乐其乐而利其利,此以没世不忘也㉒。

【注释】

①《诗》:以下的诗引自《诗经·商颂·玄鸟》篇。

②邦畿（jī）千里：指王畿的广大地区。周朝实行分封制，先在天子所居的都城周围划定纵横千里的区域，作为直属于天子管辖的地区，称为"王畿"，然后把其他的土地分封给诸侯。

③维：为。所止：所居住的地方。止，停留，居住。

④《诗》：以下的诗引自《诗经·小雅·绵蛮》篇。

⑤缗蛮（mín mán）：黄鸟的叫声。缗，《诗经》原文作"绵"。

⑥止：指鸟儿栖息。丘隅（yú）：山边弯曲之处。

⑦子：古代对男子的尊称。《大学》中"子曰"的"子"，都是对孔子的称呼。

⑧于止：在鸟要停止的时候。

⑨《诗》：以下的诗引自《诗经·大雅·文王》篇。这是一篇歌颂周文王的诗。

⑩穆穆：庄重深远的样子。文王：周文王，姓姬，名昌，原为周国之君，其子周武王灭商后追谥其为"文王"。

⑪於（wū）：表示赞叹的语气词，相当于"啊"。缉（jī）：继续。熙（xī）：光明。敬止：能端庄恭敬而安于所止之地；一说，止，语气助词。

⑫《诗》：以下的诗引自《诗经·卫风·淇奥》篇。这是一篇赞美卫国国君卫武公的诗。

⑬"瞻彼"两句：瞻，远望。淇，淇水，是卫国境内的河流，在今河南省北部。澳（yù），河岸转弯处，《诗经》原文作"奥"。菉（lù），《诗经》原文作"绿"。猗（yī）猗，形容植物长得茂盛而有光泽的样子。

047

⑭"有斐（fěi）君子"三句：斐，文质彬彬、才华丰茂的样子。切，用刀截断，这里指把骨头切削成各种器物。磋（cuō），用锉锉平，这里指把象牙磋制成各种器物。琢，用刀雕刻。磨，用沙石磨光。这里"琢"和"磨"都是指把玉石制作成各种艺术品的过程。以上两句是用切、磋、琢、磨的功夫，来比喻君子修身治学的精益求精。

⑮"瑟（sè）兮僩（xiàn）兮"两句：瑟，严肃庄重的样子。僩，威武刚毅的样子。赫，显耀，盛大。喧，通"煊"，显著、光明。

⑯諠（xuān）：忘记。

⑰恂栗（xún lì）：诚惶诚恐的样子，这里引申为恭敬而谨慎的意思。

⑱《诗》：以下的诗引自《诗经·周颂·烈文》篇。

⑲"於戏（wū hū）"两句：於戏，同"呜呼"，感叹词。前王，原诗主要指周文王和周武王，一般也可泛指前代的贤王。

⑳贤其贤：第一个"贤"字是动词，尊重、以之为贤的意思；第二个"贤"字是名词，指有德才的贤人。亲其亲：第一个"亲"字是动词，亲近、与之相亲的意思；第二个"亲"字是名词，指亲人。

㉑小人：在儒学中有二义。一是从道德上说，指品德卑劣的人；二是从政治地位而言，指平民。两义按所在的文义各有所指，必须细加辨别，不宜相混。这里用的是第二义，指平民。

㉒此以：因此。没（mò）世：终身，一辈子，这里指永远的意思。

第三章 释"止于至善"

【白话解读】

这一章每一段前面都引用《诗经》里的话,后面是孔子和曾子的感想。

《诗》云:"邦畿千里,维民所止。"

《诗经》中说:"天子管辖的广大地区,方圆千里,是民众所向往的居住的地方。"放在我们现代背景下解释就是,中华人民共和国960万平方千米的土地,是中华人民共和国公民休养生息安居乐业的地方。国家的领土就是我们赖以生存的家园,我们生于斯,长于斯,可以为之生,也可以为之死。

《诗》云:"缗蛮黄鸟,止于丘隅。"

《诗经》还说:"那绵绵鸣叫的黄色鸟儿,栖息在山丘边那茂盛的树林之中。"这一句在赞美那绵绵鸣叫的黄鸟,都知道选择适合它们居住的地方。读了《诗经》这两句话之后,孔子感慨地说:"在选择栖息地的时候,连鸟儿都知道选择适合它们栖居的地方,作为万物之灵的人,为什么反而连鸟都不如呢?"

这里孔子感叹的"人而不如鸟"的"知其所止"的"止",就不仅仅指选择栖居地这么简单。他感叹的不是肉身的安居,而是精神的安居。不是让我们选择居住在北方还是南方,选择居住在城市还是农村,而是让我们思考,我们赖以安身立命的东西是什么,我们安身立命应该坚持的品格是什么。也就是三纲里讲的,我们要"止于至善",要知道生命的终极目标在哪里。具备这样的德行和修养,才算是最高的善。

《诗》云:"穆穆文王,於缉熙敬止。"

《大学》先引用《诗经》的话说:"端庄严肃、德行深远的周文

049

王啊！他在不断地发扬正大光明的美德，随时能恭敬地安居于所止的至善境界。"然后由文王的圣德阐述自己的观点。他说，做国君的，要竭尽一片仁爱之心来对待臣民；做人臣的，要竭尽一片恭敬之心来对待君主；做子女的，要竭尽一片孝顺之心来对待父母；做父母的，要竭尽一片慈爱之心来对待子女；与国人结交来往，要竭尽一片忠诚之心，坚守信义来对待朋友。齐景公向孔子问政的时候，孔子说了相似的一段话："君君，臣臣，父父，子子。"他说完，景公曰："善哉！信如君不君，臣不臣，父不父，子不子，虽有粟，吾得而食诸？"

后世许多人一提起《大学》和《论语》里的"君臣父子"，总说这是封建等级思想，与现代社会的民主自由思想格格不入。其实这与民不民主、自不自由的思想毫不相干。儒家强调的是我们每个人要安于自己的角色，尽力扮演好自己当下的角色，做好分内的事情。

为人君，止于仁。

"仁"就是一心想着百姓，为百姓服务，为百姓决策。一个家庭里的家长，要把家经营好，就要尽心尽力让家里的每个成员不仅丰衣足食，而且精神情趣饱满高尚，感到安全、自在、幸福，有奋斗的动力，有坚定的信仰。一个国家的领导者，就要做到让全国人民都安居乐业，富足安康，知荣辱，知礼节，勇敢坚强，悲悯善良。所以共产党的根本宗旨就是全心全意为人民服务。

我想，"为人君，止于仁"的人民至上的思想，在任何朝代都不会过时。对国家领导者而言如此，对基层干部而言如此，对企业管理者、学校管理者而言都是如此。国家领导者要制定出为民的决策，企业家要生产出服务人民的产品，教育家要办好人民满意的教育，卫生医疗机构要构建好人民满意的医疗，一切的一切，为民服务是管理者的宗旨。为民着想，对民仁爱，这难道是封建思想吗？

为人臣，止于敬。

敬，就是对领导者的决策要敬，对自己的身份、自己的职责要敬。对待自己要做的事心存敬畏、怀揣庄严。领导者念兹在兹为百姓着想，为百姓做决策，但他不可能事必躬亲，所以需要协助人员一级一级地执行。只有执行者心存敬畏，明白什么该做、什么不该做，始终以领导者的政策为目标，政令上通下达，上下统一，老百姓才能真正受益。什么叫敬业，就是你对你自己所从事的职业、事业、职务心怀敬意，认认真真，尽心尽力，不敷衍了事，不利用职务便利谋取个人私利。

中华民族的第二个百年计划不是靠哪一个人的努力就能完成的，中华民族的伟大复兴也不是喊几句口号就能实现的，靠的是一级对一级的负责敬业，靠的是每个人做好自己分内的事。如此，全民奋进，各行各业，行行顺遂，业业繁荣，那我们整个国家就欣欣向荣、蓬蓬勃勃。对为人民服务的决策敬畏，对自己的事业尽责，这难道是封建思想吗？

为人子，止于孝。

做子女的要对父母孝顺，这是一个人最起码的道德标准。羊羔尚能跪乳，乌鸦尚能反哺，人若不能对父母孝顺，那就真的如孟子所说，非人也，与禽兽无异。

十月怀胎，一朝分娩，父母含辛茹苦地将我们养育成人，这样的恩情比天高、比海深，我们穷其一生也无以为报。永远记得，笔者在产床上生女儿的时候，那九死一生的阵痛，那撕心裂肺的号叫。在阵痛号叫的同时，笔者脑海里浮现出二十几年前母亲生自己时因阵痛而扭曲的脸，耳边回响的是那因阵痛而发出的凄厉吼声。那一刻，笔者明白了,"养儿方知娘辛苦"。于是,自己用生命铭记,有生之年,不管自己有没有本事,要真心真意、竭尽所能地去孝养母亲。不说别的,就凭着命悬一线的阵痛,无论自己为她做什么,都不及她给予自己的万分之一。

在现代社会物质生活普遍丰富的背景下,我们怎样做才算真正地孝顺父母?孔子说:"至于犬马,皆能有养,不敬,何以别乎?"他告诉我们,不仅要在物质上满足父母所需,更重要的是要在精神上给予他们爱与尊重。能多陪伴,固然很好;不能多陪伴,就多打电话常联系。随着年龄增长,父母的思想难免僵化,用我们的思想观念已经很难改变他们了,唯一能做到的就是在他们跟前的时候,顺着他们的心意去说话、去做事,做到令他们高兴、满意,这就是我们最好的孝行。不要和他们争对错,不要和他们论长短,他们说啥就是啥,这比给他们什么礼物都珍贵。

《弟子规》里说:"身有伤,贻亲忧。德有伤,贻亲羞。"我们孝顺父母不能只止于物质的满足,也不能只止于顺从他们的心意,还要让他们能以我们为荣。中国传统文化中流传着光宗耀祖的说法。一个人事业发达了、干出成绩了,就能光耀门楣,这对于父母来说就是莫大的幸福与光荣。如果你在社会上偷鸡摸狗,为非作歹,即使让父母住金屋银屋,他们也会以此为耻;如果你为国为民建立了千秋伟业,令人传颂,就算让父母住瓦屋土舍,他们依然觉得荣耀无比。懂得感恩,孝敬父母,这难道是封建思想吗?

其实,中国文化强调"孝",就是引导我们要懂得感恩,勇于担责,是在提醒我们要养护我们的良知。从生到死,我们一生享受了多少因缘对我们爱的供养。父母的养育之恩,师长的教诲之恩,亲友的关爱之恩,许多直接与间接善缘的帮助,我们都当去回报。感恩是宇宙间最高的振频，也是人之为人最基本的素养。

感恩当然是从孝敬父母做起。一个人连最该感恩的父母都不去感恩的话，他也不可能去感恩别人，也不可能去奉献社会。孝顺父母是培养一个人善良德行的起点，从这个点延伸扩展，由点到线，再由线到面，如孔子说的"仁者爱人"，如孟子说的"老吾老，以及人之老，幼吾幼，以及人之幼"，从而培养奉献社会、勇于担责的优良品德。

"孝"是人性中善良品质的幼芽，在孝顺父母的过程中，这种品质不断地被滋养壮大，从亲人到陌生人，从家庭到社会，渐渐地从小我中生出大我，最终成为一个关爱他人、爱岗敬业、热爱祖国的人。

为人父，止于慈。

做父母的对子女要慈爱。也许你会反问，做父母的难道还会有对子女不慈爱的吗？虎毒尚不食子，何况人！

人性是复杂的，慈爱者有之，不慈者亦有之。天下父母大多是慈爱的，但是，也有不慈爱的，还有披着慈爱的外衣，本质却不慈爱的。只不过这些父母大多数并不自知，他们依然认为自己对子女的爱是慈爱罢了。

不同的时代，人们的观念不同。人是观念的动物，你有什么样的观念，就会有什么样的行为。我们的时代，思想文化的发展与时俱进，尊重性别平等，就是尊重生命平等，尊重生命平等，就是心地慈悲的表现。

父母孕育生命，抚养生命，是肩负责任，心怀慈悲的。真正的慈悲，是生育了孩子，就无条件地爱孩子，而不是把自己的愿望强加给孩子。要深深地懂得：孩子并不属于我们，他只是经由我们来到这个世界，去完成他自己的梦想和使命。我们要爱孩子本来的样子，而不是去爱我们要求的样子。

做父母的不要披着爱的外衣扼杀孩子的天赋与个性，孩子就是他自己，他不代表任何人。父母要面子，有本事自己挣。让孩子给自己挣面子的父母，自己必定是个没面子的人。如果自己本来就有面子，何必要让孩子去挣。

仁爱慈悲的父母，在道德与修养上，要走在孩子的前面，为孩子树立标杆。在孩子需要协助时，陪伴在孩子的身边，做孩子的良师益友；在孩子学业有成、事业有成时，做孩子的热心观众，送去真挚的祝福，送来鲜花和掌声；在孩子处于人生低谷时，跟在孩子的后面，做他的有力后盾，给他力量，推他前行。

与国人交，止于信。

孔子说："人而无信，不知其可也。"领导信守承诺，则员工信赖你；员工信赖你，就会拥护你。一个被员工拥护的领导，必然能干出千秋伟业；没有员工拥护的领导，其实什么都不是。你对员工讲诚信，员工必定回报你以诚信；你对员工有欺诈，员工自然会回你以欺诈。古语说"天命不可违，人心不可欺""公道自在人心""人心如日月""日久见人心"，都在说明我们所有人都需要讲诚信。民无信不立，懂得诚信、一诺千金的人才能够行稳致远。

《大学》里的"君臣父子"观点就是在告诉我们，一个我们所期待的和谐社会，一定是每个人都把自己的角色扮演好，每个人都把自己安身立命的事做好。如果角色不适配，就会出现很多不和谐的问题。如果男人没有男人该有的阳刚，他就不会顶天立地，敢于担当；如果女人没有女人该有的阴柔，她就不会贤淑温良，尊老爱幼。只有每个人安于做他分内的事，社会才会井然有序，家庭才会和睦温馨。

在这里，笔者特别想提醒我们的家长，我们培养的男孩子是不是有男孩该有的阳刚？因为家里的孩子少，家长过分溺爱，使得孩子变得越来越懦弱。在孩子的成长过程中，有的父母、爷爷、奶奶就像呵护瓷器一样守护着孩子，怕孩子攀高，怕孩子爬地，怕孩子吃亏，怕孩子这，怕孩子那……这样呵护着长大的男孩子，是否还有担当的意识、独立的能力、创新的精神？我们要培养的是一个有担当使命的人，而不是要培养一个不能自力更生的生活弱者。

让孩子走一段长路，爬几座高山，晒一晒太阳，摔一摔跤，就是对孩子的磨炼。温室里的花朵，经不起风霜雨雪的摧折。百炼方能成精钢，千冶方能成纯金。玫瑰经提纯才可成精油，人只有经过磨炼方可成为精英。刘邦本是小小泗水亭长，见百姓疾苦而奋起抗秦，最终成为汉代帝祖。朱重八从放牛娃到寺庙的和尚，又去做叫花子，最后改名朱元璋，发愿推翻元朝统治，一步步成长为明朝开国皇帝。

不经一番寒彻骨，哪得梅花扑鼻香。孩子在成长的路上走得太安逸了，偶遇挫折就会无法承受。所以，小时候的小磕碰、小挫折，都是人生路上一个又一个垫脚石，都是为了他在以后的道路上走得更稳、走得更远、去得更高。

我们每个人，不管你有什么样的身份，是什么样的角色，你要清楚地知道，你要把生命安置在什么地方，你的本分是什么，你安身立命的根本是什么，然后，依本而行。孔子说："君子务本，本立而道生。"只有本立了，才可生道。就像你确定的目标是去北京，那么在你和北京之间就必然产生一条道路，人生最可怕的是，总是茫然无措，在原地打转，从生到死！

《诗》云："瞻彼淇澳，菉竹猗猗。有斐君子，如切如磋，如琢如磨。瑟兮僩兮，赫兮喧兮。有斐君子，终不可諠兮。"

《诗经》善用比兴，常常先言他物以引起下文所咏之物。这里说："看那淇水弯曲的地方，绿竹生长得多么光泽茂盛、郁郁葱葱。"突出这里的环境优美，用优美的环境引出下文要吟咏的对象"有斐君子"。《诗经》里的"有斐君子"是怎样的人呢？"这样的人文质彬彬，好像精心制作的骨器那样，已经切好，还要磨平；又好像精心雕刻的玉石那样，既已雕琢，还要磨光。他内心端庄而刚毅，他形象盛大而光明，这样的君子给人印象深刻，让人过目难忘！"

《诗经》里的这段话塑造了一个文质彬彬的君子形象，这是我们中国传统文化中凸显的理想形象。在这个形象里，蕴含了我们中国人集体理想的人格——君子人格。

孔子说："质胜文则野，文胜质则史。文质彬彬，然后君子。"一个人如果只讲文化，而没保留质朴的本性，就容易呆板、虚伪，就不够平易近人、不易亲近；如果只显露本性而不学习文化，不用文化去装点自己、美化修为，就显得粗俗、野蛮。只有把真实的人性和文化教养结合起来，才是文质彬彬的君子。也就是说，我们所崇尚的君子，是内在真诚、道德高尚，外在儒雅端庄、气质非凡。我们所向往的君子人格，就是在生活实践中能够始终如一地自我磨砺、自我雕琢、自我修正、自我提高，保持内心的纯洁、质朴、真实与善良。

《大学》对《诗经》里文质彬彬的君子，生发了自己的感慨。它的观点意在提示我们，如何才能做一个文质彬彬的君子。

如切如磋者，道学也。

"切""磋"，骨器的加工方法。要加工骨器，先得把兽骨切成想要的尺寸。切完以后的骨器，还有非常坚硬的棱角，只有用锉刀把这些棱角磨平，才能成为器具或装饰用品。作者将制作骨器的过程用来比喻学道的过程，即做学问的过程。意在说明人这一辈子学习道理、追求知识并不能一蹴而就，而是学无止境，精益求精，促使自己最终能被当作合适的"器",发挥己之才能。

如琢如磨者,自修也。

"琢""磨",玉器的加工方法。质地再好的玉石,也会有瑕疵、有粗粝。要想让玉石更温润、更有光泽、更透明,就要在原来的基础上,该琢除的琢除,该磨光的磨光。作者将打磨玉器的过程比喻人的自我修炼的过程。一个人再善良,也会有很多缺点与不足。我们要像琢除玉器身上的污点一样,去正视自己的弱点与缺点,并勇于改正它,让生命变得越来越完美。这是一个追求完美的过程,一个止于至善的过程。

瑟兮僩兮者,恂栗也。

《大学》认为,一个君子外在端庄而刚毅,内心必有所敬畏。一个人处处严格要求自己,表现出来的就是谨小慎微。反之,一个没有道德标准的人,表现出来的一定是轻浮傲慢。什么事情都关注,又什么事情都无所谓。无所敬畏的生命是没有精神内核的,是散漫垮塌的,就像骨质疏松一样,无法独立,自然也就无法端庄与刚毅。一个人需要不断地发展自己、完善自己。力量从来不是来自外部,而是生命内部的自我要求。相由心生,时间长了,内在的自觉、敬畏表现在外在形象上,就是一种恭敬和肃穆的仪态。

《大学》赞叹,这样的君子形象威武爽朗,让人见了心生愉悦,念念不忘。一个人内在庄严了,他表现出来的外在气质也庄严。有广告词说"美靠衣装",如果真正懂得美的内涵,就知道美哪里只是衣物能够装饰得出来的,还要靠真诚、善良的品格来充实。内外兼修,才会成为"有斐君子"。

有斐君子,终不可諠兮者,道盛德至善,民之不能忘也。

最后,《大学》就这种文质彬彬的君子,再次告诫我们:一个真正的君子，绝对不会满足于现有的一点成就，而是能在追求的道路上，真诚地看到自己的不足，不断地完善自己，永远走在至善的路上。谦卑、包容、自强、自省，自我修正，自我升华。这样的君子，因为道德崇高，德行圆满，就像磁铁一样，不用刻意而为就自带磁场，气象非凡，让人一见难忘。

《诗》云："於戏！前王不忘。"君子贤其贤而亲其亲，小人乐其乐而利其利，此以没世不忘也。

《诗经》里赞叹说："从前的圣王啊，永远不会被人遗忘。"《大学》由老百姓对前王的怀念，总结出前王不被人遗忘的原因，从而为后世的统治者提供治国的经验和方向。像文王、武王这样的君王，他们尊重真正值得尊重的人，亲近真正值得亲近的人。普通的老百姓因为享受了伟大的领导者带来的政治清明而生活得幸福快乐，也获得了他们想要的利益。因此，这些伟大的圣王永远被人铭记，生命可与山河同在，与日月同存。

这里给了我们一个很重要的启示。作为领导者，一定要"贤其贤，亲其亲"。只有真正值得尊重的有德之人，才会做到"为人臣，止于敬"；只有真正值得亲近的正直忠诚之人，才会做到"以义为上"。只有尊重、亲近这些人，他们才能成为你的左膀右臂。

诸葛亮在《出师表》里劝谏刘禅："亲贤臣，远小人。"说的就是《大学》里的"贤其贤，亲其亲"。然而，历史上，有多少君王恰恰是贤不贤、亲不亲，该重用的不重用，不该重用的却重用，而致奸臣当道，误国误民，造成亡国之恨。楚怀王亲小人，远贤臣，以致忠臣屈原投江；宋高宗亲近秦桧，使得精忠报国的岳飞含冤而死；明世宗信任严嵩，让他把持朝政，致使国将不国。

小人为何得势，而贤臣为何不被重用？一是君王昏聩，二是小人刁钻，而贤臣唯有忠心一颗。孔子说："巧言令色，鲜矣仁。"很多政治人物就因为听信小人的花言巧语而断送了自己的前途。小人投其所好，专挑君王爱听的说，君王就被小人蒙蔽。而贤士君子说话做事以道义为准，是非分明，该认可的认可，该劝谏的劝谏。所以，昏庸的君王，不爱听与自己意见不同的话，就可能做出错误的决定；明理、有智慧的君王，就能分得清善恶忠奸。

唐太宗李世民能听进忠言，魏徵才能辅佐他创"贞观之治"；唐玄宗弃张九龄不用，却亲近杨国忠，使得安史之乱爆发，马嵬兵变，唐朝由盛转衰。所以，作为管理者，该贤则贤，该亲则亲，才是识人之明。

这一章总体阐明，无论是普通的个人，还是国家的领导者，个体的生命都会消失，而精神却可以长存。只有扎根人民、服务社会，在服务人民的过程中锤炼自己、沉淀自己、升华自己，才能在污泥中开出莲花，在平凡中蕴蓄伟大，才能在有限的肉体生命时段，创造出超越时间、超越空间的东西，让它们长留人间，这才是真正的止于至善！

一滴水只有放进大海才不会干涸，一个人只有投身到为人民服务中去才能获得永生。古今中外，但凡被人们怀念、被人们景仰的那些圣贤伟人，他们活着，从来就不是为自己谋私利，而是为大众谋幸福。孔子为了天下黎民苍生的福祉而大力宣扬"仁"的思想，从代理国相的位子上出走，这一出走，就是颠沛流离十四年，这一出走，就是风雨沧桑到暮年。他用有限的一生，给中华民族带来了无限的精神财富。孔子、孟子、杜甫、王阳明、文天祥、孔繁森、焦裕禄、岳飞、雷锋等人，都是为人民、为国家、为民族立下了汗马功劳的人，他们被载入史册，万世不朽！

我们正处在中华民族伟大复兴的时代，只有把我们的命运和祖国的复兴结合起来，我们才能被国运托起而有所成就。谁逆历史潮流而行，谁将会被历史的烟云所淹没。谁顺应时代的潮流而行，谁就能做时代的弄潮儿，勇立潮头，不仅能成就个人生命的精彩，还能为国、为民做出应有的贡献，赢得世人的尊重。这应该是我们每个人要努力达到的"至善"！

【学员心得】

行则将至，止于至善

◎ 张晓莉

道阻且长，行则将至，止于至善。

孔子说："《诗》三百，一言以蔽之，曰：'思无邪'。"意思是《诗经》思想干净纯正。《大学》里经常引用《诗经》的语句。"《诗》云：'邦畿千里，维民所止。'《诗》云：'缗蛮黄鸟，止于丘隅。'子曰：'于止，知其所止，可以人而不如鸟乎？'"这段话的意思是，叽喳叫的黄鸟，深知自己应该选择什么样的地方居住，就"知其所止"这件事，为什么人不如鸟？人要找到自己安身立命的根本，就是知其所止，明白身安何处、心安何处。

"《诗》云：'穆穆文王，於缉熙敬止。'为人君，止于仁；为人臣，止于敬；为人子，止于孝；为人父，止于慈；与国人交，止于信。"《诗经》以文王为例。端庄谦恭的文王，安住在自己谦恭端庄的所止之处。那芸芸众生该如何知止？不同的身份角色，所止不同。作为一国之君，要有仁爱之心，爱民如子；作为臣民，要对君王有恭敬之心；为人子女，对待父母要尽孝道；为人父母，要慈爱宽厚；与人交往，要诚信。每个人都做好自己的本分，社会就会秩序井然，和谐自洽。在我们的生活中，常见角色错乱导致的矛盾。孔子说："君子务本，本立而道生。"每个人恪尽职守，做好自己的本分，就像星系运转，各行其道，就会和谐美好。我们在生活中，心有抱怨、愤怒，不仁不义、不慈不孝、不敬不信的时候常有。只有不断自新，"苟日新，日日新，又日新"，才能"止于至善"。在自新的过程中，该有怎样的态度呢？

"《诗》云：'瞻彼淇澳，菉竹猗猗。有斐君子，如切如磋，如琢如磨。瑟兮僴兮，赫兮喧兮。有斐君子，终不可諠兮。'如切如磋者，道学也；如琢如磨者，自修也；瑟兮僴兮者，恂栗也；赫兮喧兮者，威仪也；有斐君子，终不可諠兮者，道盛德至善，民之不能忘也。"《诗经》说，你看那美丽的小河边，有茂盛翠绿的竹子。你看那文质彬彬的君子，他们如切如磋、如琢如磨的修养，他们那么盛大、那么庄严、那么刚毅、那么光明。因为他们谨慎庄严地剔除自身的缺点，发自内心地谦虚学习、打磨自己，让自己内外兼修、智慧喜乐、光明温润、大方得体，以至道盛德至善，民不能忘。

"君子贤其贤而亲其亲，小人乐其乐而利其利，此以没世不忘也。"君子敬重贤明，让平民百姓享受君子带给他们的快乐和利益，所以君子才永垂不朽，名留千古。

我们常说，做一个有用的人，就是要提高自己的修为，就是"明明德""亲民""止于至善"。这个过程，从知道到做到，有很长的距离。在生活中，知行合一，如切如磋，如琢如磨，才能止于至善。

各种角色的所止，其实要做到是很难的。关于孝，孔子说："色难。"父母倔强的时候，我们也会着急上火。《弟子规》讲："亲有过，谏使更。怡吾色，柔吾声。"当父母犯错的时候，我们不能盲目呆板地说顺者为孝，而是要和颜悦色地跟他们沟通。孔子还讲："至于犬马，皆能有养，不敬，何以别乎？"表面上，孝顺就是满足父母的物质需求，而实际上，最为难得的是对父母有恭敬的心。充满爱的物质表达，才能让父母开心喜乐。

"为人父，止于慈。"父母没有不爱孩子的。可是作为父母，如果我们不知道什么是真正的爱，可能反而会害了孩子。比如该孩子自己做的事，我们却越俎代庖，让孩子慢慢不再去承担本该属于自己的责任。比如我们害怕孩子自卑，一味夸奖孩子，过犹不及，结果使孩子狂妄自大，自满虚荣。所以，父母时时自新是多么重要。当父母有自信做自己、有力量让自己变得更好时，孩子才会从我们身上学到如何做真正的自己。

人的一生就是在弹性空间和成长空间里不断自我修行，止于至善。人生没有一劳永逸，惰性、恶习会不时来访，只有时时勤拂拭，勿使惹尘埃，才能够清楚明白地让自己做自己，让别人做别人。道阻且长，行则将至，止于至善。

第四章　释"本末"

　　子曰①："听讼②，吾犹人③也，必也使无讼乎！"无情者，不得尽其辞，大畏民志，此谓知本④。

【注释】

①子曰：孔子的这句话亦见《论语·颜渊》篇。
②听讼：听取诉讼，审理案件。讼，诉讼，打官司。
③犹人：同别人一样。犹，如同。
④本：根本的道理。

【白话解读】

　　这一章一共两句话。第一句引用孔子的话，他说："听断诉讼案件，我和别人没有什么区别。要是我能够做到使人们都自觉地以礼仪自持，不再互相攻击打官司，那才是我理想中的终极目标啊！"
　　后一句是《大学》作者曾子阐明自己的观点。曾子认为，一个公正智慧的执法者，不能给那些巧言令色、违法乱纪的人机会，让他们颠倒黑白，混淆事情的是非曲直，扰乱社会的清明，要维护法律的公正。法官怎样才能做到让那些花言巧语、扰乱视听的人无法得逞呢？曾子指出："大畏民志，此谓知本。"意思是执法者要把敬畏民心、民志作为根本，这种认识就达到了顶点，达到了最高境界。

子曰："听讼，吾犹人也，必也使无讼乎！"

这是拿孔子所做的事来举例。孔子在鲁国曾做过大司寇，相当于国家最高的司法长官。他说："我现在从事的是司法工作，我的理想是司法领域里没有诉讼案件需要审理。"这是很崇高的理想，就好比搞教育的教育部部长说："我从事的是教育工作，我的理想是没有人没受到教化，没有人会因无知愚昧而走向犯罪。"就好比管理医务的领导说："我从事的是医疗卫生事业，我的理想是没有人有病痛，没有生命会因病而亡。"就好比负责扶贫工作的人员说："我从事的是扶贫工作，我的理想是人人富足安康，没有人需要我去帮扶。"

我们会问，没有人来打官司，没有人要治病，没有人需要帮扶，那司法部门、医疗机构、扶贫服务机构的这些人干什么呢？我们再问，没有人打官司、没有人生病、没有贫穷的社会是一个什么样的社会？这些从业人员没有事干，与没有官司、没有病痛、没有贫穷的理想社会相比，哪一个更好？不用回答，我们当然是宁愿没有事做，也希望我们的社会没有官司、没有病痛、没有贫穷。由此，我们可以知道，孔子之所以是圣人，不仅仅因为他是万师之表，还因为他心怀仁爱，悲悯苍生，为人类的未来构想出美好的大同蓝图。虽然目前尚未完全实现，但只要向着这个方向努力，假以时日，人类必将越来越崇高，社会必将越来越美好。

欲人无讼，不是强迫人们有纠纷不去诉讼，而是就算有些小纠纷，争执的双方尽量不去争执，不走诉讼路。兄弟姐妹之间、夫妻子女之间、邻里乡亲之间，倘若有一些小矛盾、小摩擦，大家互相协商，共同担待，都谦让包容，彼此体谅，将大事化小、小事化了，不必到法庭分席抗争，争个你输我赢、你死我活。不仅亲人邻里之间无讼，整个社会发展也井然有序，人们都懂得礼义廉耻，没有黄赌毒、偷杀抢，天下无贼。我们生活在这样的社会里，将是多么幸福安宁！

怎样才会让人减少纠纷，自觉化解矛盾？靠国家的文化建设和道德建设。如果国家的文化建设和道德建设跟不上经济发展的步伐，那么在经济发展的过程中，很多社会矛盾，人们不能自行解决，就只有把矛盾转交给公检法部门，这就加重了整个社会的负担。我们党始终高度重视文化建设，从新中国成立初期明确把我国建设成为一个具有现代工业、现代农业、现代科学文化的社会主义国家，到改革开放以后强调要在建设高度物质文明的同时，建设高度的社会主义精神文明，再到党的十七届六中全会首次提出建设社会主义文化强国目标，这充分彰显了我们党对文化建设的深刻认识。中华民族的伟大复兴，不仅仅靠综合国力的强大，科学技术的发展，更要靠文化教育的繁荣昌盛。

欲人无讼，就要在人心的教化上下功夫。我们一手抓经济建设的同时，一手要抓精神文明建设。只要经济发展、政治清明、社会公正，文化建设和道德建设跟上经济发展的步伐，人们有文化、有道德、有信仰，诉讼就会越来越少，整个社会就会越来越和谐。

所以，法律建设的目的不是让更多的人去打官司，而是让整个社会变得和谐无讼！这是孔子作为司法工作者的最高理想。那么，我们这些教育工作者、医务工作者呢？我们的最高理想又是什么？我们的最高理想，就是为社会的发展做力所能及的事情，让受教育者最终都成为社会主义的合格接班人，成为国家的栋梁之材；让每一个人身体健康，不生疾病，快乐工作，幸福地生活。

无情者，不得尽其辞，大畏民志，此谓知本。

孔子说他的理想是社会无讼，曾子说要大畏民志，这二者之间有何关系？

社会上没有诉讼，就说明人民心里满意，人与人之间愉悦和谐，没有矛盾和争执。这是孔子对社会的一种理想描述。而曾子说的"大畏民志"，指一个企业管理者、一个法官、一个校长、一个将领等各行业、阶层的领导者，最该敬畏的是民心。要以百姓的利益、百姓的尊严为根本，倾听百姓的心声，把人民至上当作永远的价值取向和价值尺度。

如果一个社会所有的服务者都把"大畏民志"作为工作的原则、最高纲领，那么，这个社会必将日渐"无讼"。我们的眼睛应常常往下瞅，瞅瞅我们该敬畏的对象，人民要什么，我们就提供什么。人民望子成龙，我们就办让人民满意的教育；患者想要健康长寿，我们就千方百计为患者着想，让患者满意；百姓想要富足，国家就推出各种政策帮助人民富起来，让人民满意……本着这个宗旨，各行各业，各尽本分，互相支持，互相感恩，我们的社会就会其乐融融。这就是《大学》里讲的"知本"。

所以，孔子提出了无讼的理想，而曾子指出了达到无讼的途径。人民就是根本，知道一切为了人民的利益，这才是认识的根本。我们抓住了这个根本，在社会上立身、处事、创业，放之四海而皆准。为人民服务的这个愿力，会成就我们无悔而精彩的人生。

【学员心得】

愿天下无讼

◎ 陈 丽

"子曰:'听讼,吾犹人也,必也使无讼乎!'无情者,不得尽其辞,大畏民志,此谓知本。"

《大学》这章只有30个字,引用孔子听讼的话来阐发"物有本末,事有终始"的道理。鲁定公时,孔子曾为大司寇,即最高司法长官,因此会有"听讼"审案之事。审案是有一定规则的,比如要听取双方陈词,通过调查取证厘清事实真相,再依法做出裁决,不能以"片言"而"折狱"。就这点而言,孔子与其他的判案人员并没有什么不同。如果一定要说有所不同之处,那就是孔子希望根本没有争讼的事情发生。子曰:"礼之用,和为贵。"无论判决怎样公正,有争讼就说明"礼之用"未能充分有效地发挥,说明社会仍有导致矛盾冲突的"因"存在。此"因"不除,则争讼难息。这正如"但愿世间人无病,何愁架上药生尘""教是为了不教"等蕴含的道理一样,审案、卖药、教书都是方式和手段,使人不再犯案、不再生病、不再依赖老师才是目的。

周文王还是西伯侯的时候,附近有两个小的邻国,两国国君为了争田地,相持不下,互不相让。于是,两个国君就相约到西伯侯那里去评理,看这田地到底应该归谁。结果刚来到周国的边境,就看到这里的人，无论士农还是工商，人们之间都互相谦让，彬彬有礼，绝不会为一些小利争斗。两个国君看到之后，深感惭愧，市井之辈尚能如此谦逊有礼，做国君的却为了三尺之地争得不可开交！于是，他俩不再找周文王论理，并互相都要把这份田地让出来，结果所争田地变成闲田。

清朝康熙年间，大学士兼礼部尚书张英在桐城老家的家人，因邻居修建院墙占了自家地而与之争讼。双方相持不下，张英的家人便写信向张英求助。张英回信道："千里修书只为墙，让他三尺又何妨？万里长城今犹在，不见当年秦始皇。"家人见信，便让地三尺，邻人感其义，亦让地三尺，遂成"六尺巷"的后世佳话。如果双方皆有谦让之德，那么起先的争讼就根本不会发生。

德国哲学家康德说："法律是道德的最低底线。"意思是说，如果一个国家的民众缺乏道德，最后一道防线就是法律。同时也说明，仅仅靠法律来维持社会秩序是不够的，这只是道德的最低标准。如果什么秩序都靠法律来维持，整个社会的道德水平就会沦陷，甚至很多人会钻法律的空子，也就是孔子所说的，一些人即便没有理由，也会找一些理由来打官司。

接着曾子对孔子的这句话进行了解读："无情者，不得尽其辞，大畏民志，此谓知本。"意思是使隐瞒真实情况的人不敢花言巧语，使人心畏服，这就抓住了根本。曾子强调民心为本的观点，鲜明地表达了治国理政的出发点和落脚点都在于以人民为中心的思想。使民无讼，绝不是通过刑法，而是君子修身，以德化天下，让那些巧言令色者感其"明德至善"而"不得尽其辞"！民心皆有敬畏，敬畏君子之仁德。这就是"知本"，抓住了根本，以"明德至善"感化天下民心！本末和终始都属于哲学的范畴，本末是本质论，终始是发展观。

《大学》明确了"本"的内涵，并对"本"进行了强调，始终如一地以民为本，则近道矣。

儒家主张德治为本，法治为末，日常谆谆教化和正面引导是本，依法治理是末。这的确是理想的境界，正是这种理想，才给人以希望，以信仰，以可皈依的乐土。最起码，儒家告诉我们：我们还有这样一条可以选择的路！还有这样一种可以生存的状态！虽不能至，心向往之！也因此，人们迷茫的内心才会升起一轮明月，不堪的人间才会投进一线光明。正是这份光明，照耀了中国人两千年来的路。

一个国家推行德治才是根本。如果让那些德行低劣之人有了施展的空间，社会风气导向就会产生问题。比如有些人，明明自己摔倒了，好心人去扶他，他却讹诈人家，这种行为是必须制止的。如果这些欺诈的行为不能被制止，就会起到负面的导向，一些人就会效仿这种行为，还会让助人者寒心，日后就算真的有人因病晕倒，也不会再有人去搀扶。现在国家耗费了很大的力量，去引渡那些身在境外的贪腐人员，打击境外的电信诈骗行为，目的就是要这些人不能逍遥法外，要引导民众相信，只有诚实向善才是正道。这才是治国的根本方略。

一些人总是埋怨社会风气不好。国家是由个人和家庭所组成的，社会风气的好坏依赖我们每个人和每个家庭，只要每个人都做好了，家庭和社会自然也就和谐了。很多人都会说社会不公平，但却很少"三省吾身"。我们要多找自己身上的原因：我到底为这个家庭做了什么？我为这个单位做了什么？我为国家做了什么？这才是最重要的。如果大家都这样想，都这样去做，社会的风气就会越来越好，孔子所说的"必也使无讼乎"就完全可以实现。人与人之间出现纷争时，大家要问问自己的内心，看看自己有没有局限，看看自己什么地方放不下，看看自己的出发点是不是善良的。如此这般，矛盾很快就消失了，连调解都不需要。

现实总会有令人不满意的地方，但无论身处何境，修身明德，便可让内心明月高悬！因缘聚合时，那内心的明月之光，也许会外化而出，照得天下一片清明。

第五章 释"格物、致知"

此谓知本①。此谓知之至也②。

【附：朱子补传】

传之五章,盖释格物、致知之义,而今亡矣。间尝窃取程子之意以补之曰:所谓致知在格物者,言欲致吾之知,在即物而穷其理③也。盖人心之灵,莫不有知;而天下之物,莫不有理。惟于理有未穷,故其知有不尽也。是以《大学》始教,必使学者即凡天下之物,莫不因其已知之理而益穷之,以求至乎其极。至于用力之久,而一旦豁然贯通焉,则众物之表、里、精、粗无不到,而吾心之全体大用无不明矣④。此谓物格,此谓知之至也。

【注释】

①此谓知本:这句与上章的末句重复,故程子认为"此谓知本"是衍文。

②此谓知之至也：从全书的体例和这句的语气上推断，这句当是一段文字之后的结束语，前面应有一段传文，可能在流传的过程中遗失了。故朱子认为"此句之上别有阙文，此特其结语耳"。朱子还进而推断出，所缺的一段应为解释"格物致知"之义的传文，于是他补作了一段，附于此句之后。

③理：是儒家之"道"的精微化，宋明理学的最高范畴。

④体：本体。用：作用。"体"和"用"是中国哲学的一对重要范畴。

【白话解读】

传之五章，盖释格物、致知之义，而今亡矣。间尝窃取程子之意以补之曰。

第五章是朱熹的补传，所以他首先解释作此文的原因和背景。他说："第五章传文，大概是解释'格物''致知'的意义，然而，现在已经丢失了。闲暇之余，我曾经私自采用程子的观点来补充如下。"后面就是他解释"格物""致知"的含义的内容。

所谓致知在格物者，言欲致吾之知，在即物而穷其理也。

朱熹认为，"格物"才能"致知"。换言之，要得"致知"，必先"格物"。那什么叫"格物"，什么又叫"致知"呢？

格物。"格"有两种解释，一是摒除；二是求真求证，打破砂锅问到底。因此，"格物"就有两种解释。从摒除的这个角度解释，指摒除内心的欲望，即摒除人心。从求真求证，打破砂锅问到底这个角度解释，就是穷究事物的原理，了解万事万物的真理实相。一般来说，前面一层解释比较教条，凭什么格除人心的欲望就能致知呢？读者还是不容易理解。后一种解释就比较客观普通，它接近"实践出真知"这一哲学观点。将两种角度综合起来，"格物致知"就是一个人能够放下对名利、欲望的追求，用一颗清净、客观的心，去真正了解万事万物的实相与原貌，就会对万事万物有全面的认知，从而打开智慧的宝库，进一步明了地认知世界的真相、人生的真相。

盖人心之灵，莫不有知。

这一句回答了"我们为什么能格物致知"的问题。我们生而为人，最大的特点是我们天生就具有认知事物的能力。我们常常说"人是万物之灵长"，不是说人比万物高贵，要主宰万物，而是说人是万物里最具有灵性的物种。帕斯卡尔说，思想是我们人的尊严。同样是吃食，动物就只是在吃食，而我们人知道我们在吃食。这就是人和动物的不同。

人天生就有认知能力，所以，我们能读懂万卷书，从而知书达理，文明守信。我们天生就有认知能力，所以我们行万里路，也如同读了万卷书，因为我们在行万里路的过程中和万事万物打交道，就能产生经验、感悟和智慧。

所有的法都归于心法，我们对整个世界的了解，靠的是我们的心。这个心，天生就有对外界事物理解、感悟、升华、总结的能力。这个能力，孟子把它叫"良知"，佛家把它叫"佛性"，所以儒家说人人皆可成圣贤，佛家说人人皆可成佛祖。孟子说我们人天生都具有四心：羞恶之心、是非之心、恻隐之心、礼让之心。我们不像动物一样随处大小便，就是我们的羞恶之心；我们路见不平，拔刀相助，就是我们的是非之心；我们不会以强凌弱，会同情贫弱，就是我们的恻隐之心；我们尊敬长者，为长者折腰，就是我们的礼让之心。当然，有人会说，那许多人没有这些心，你还说他有这种能力吗？请别着急，孟子对此早有定论，"无此四心者，与禽兽无异"。但凡是人，就具备这种天生的良知、良能。

人人都有认知世界、感受世界、觉知世界的能力，但并不代表人人都能够去感知世界和觉知世界。因为并不是所有人的认知世界的能力都能被发挥出来。这取决于这种能力被个人的欲望、尘世的知见蒙蔽了多少。天生的能力被蒙蔽得多，对世界的真相觉悟就少；天生的能力被蒙蔽得少，对世界真相的了悟就比较透彻。所以佛陀说："人是未觉悟的佛，佛是觉悟了的人。"能认识自性，保持自性，则本自具足，无欲无求。不知自性，迷失自性，则会利令智昏，有求而苦。所以，孟子说："大人者，不失其赤子之心者也。"不失赤子之心，就是让我们保持纯洁清净的本心，不受尘垢污染、蒙蔽的本心，从而能洞悉万事万物，理解感悟人生真相。

所以，我们能格物，是因为我们有"良知"。

而天下之物，莫不有理。惟于理有未穷，故其知有不尽也。

天下万事万物，没有什么不包含着一定的规律。只是因为人们对于事物所包含的规律没有彻底弄清楚，所以，人的认知水平才有不完全之处。

万物有理，而我们生而能知。只要我们穷尽万物之理，便能尽吾之知。以下列举几个格物致知的实例。

格花

你手里拿着一朵爱人送来的玫瑰，或者一株牡丹、月季、蜡梅等。我们知道，这朵花不仅仅是一朵花，它代表的是爱人的爱。除此之外，你还能看出什么？这朵代表爱的玫瑰花，为何能以花的形式来做爱的使者，给予我们心灵的慰藉与爱的滋养？深入观察这朵花，我们能看到阳光、土地、云朵、时间、空间。没有阳光的照耀，土地的承载，玫瑰就无法生长；没有云朵的蕴藏，就没有雨水降落，滋养玫瑰的成长；没有时间的流逝，玫瑰就没办法从幼苗长成熟株；没有空间的包容，玫瑰就开不出鲜艳的花朵。缺少其中的任何一个因素，玫瑰都无法成为玫瑰，因此，一朵玫瑰花，只是众缘和合的结果。

玫瑰花如此，蔬菜、水果、乳制品、粮食无不如此。蔬菜里有阳光，水果里有云朵，而我们喝的牛奶里，还有挤奶工的汗水，有供养挤奶工的一切吃食，有运送牛奶的配送人员，有运载配送人员的汽车或火车……

我们人呢？是不是也是因缘和合？没有父母就没有我们，没有父母的父母也没有我们，没有祖祖辈辈这个血缘链条中的任何一个都不会有我们。没有阳光就不会有我们赖以生存的吃食，没有吃食就没有我们。没有流水也没有我们，因为水是生命之源。没有空气就没有我们。我们之所以是现在的我们，是有无数的因缘供养了我们，托举了我们，成就了我们，否则，我们无法是我们。因此，人也是众缘和合的产物。

细观万物，大地、流水、山川、草木、书本、电视、杯子、手机，无一不是众缘和合的产物。如此格物，庄子认识到，万物有道，道无处不在，遍一切处，乃至于"道在瓦砾，道在屎溺"。所以，才有俗语说"一花一世界，一叶一菩提""一沙一世界，一水一天堂"。

格水

水是大地母亲的乳汁，滋养地球上所有的生灵，从不向任何人索求回报。所以，老子说它"善利万物而不争"。水永远往低处流，甘居下位，正因为它谦卑处下，所以，它从高山之巅流出，最后道路越走越宽阔，终奔流到海，永不干涸。水该执着的时候执着，滴水穿石，勇往直前，成就生命的壮阔与永恒，展现生命的力度与坚韧；水该放下的时候放下，随遇而安，遇深潭则留深潭，遇浅湾则迂回改变，遇热成汽，遇冷成冰。它生命的姿态可以波涛汹涌，可以静水深流，也可以圆融通达。可以幻化成汽的袅娜，可以雕琢成冰的庄严，可以飞舞成雪的浪漫。水包容一切，接纳一切，奉献一切。它流入大地，就泽被大地，被引入住户，就滋养生命。人们想清洗什么就用它清洗，哪怕是让它冲刷屎尿，它也会奋不顾身，义无反顾。只要你需要，它就会给予。格水，我才真正明白，上善若水，水为至善。

格"窝"

有一次，笔者和爱人带着二宝在学校操场边的看台上闲坐，突然二宝说："妈妈，你看！"

顺着他手指的方向看去，看台的防雨棚下的橡子上，有一个大大的鸟窝，边上还有一只喜鹊，在探头探脑地鸣叫。不远处的横梁上，有一只大一些的喜鹊向着小喜鹊鸣叫。原来防雨棚下，每一个架橼上都筑有鸟窝，除了最边上的那个窝已经成形，其他鸟窝还正在搭建当中。凝视着那一排鸟窝，看着那些喜鹊忙碌的身影，它们一时飞往不远处的山林，一时又衔枝而归。笔者眼前浮现出千千万万个鸟窝、千千万万座单元楼、千千万万栋村庄里的小洋楼和石板房……

"妈！"

"嗯。"

"妈，我跟你说话呢！"

"哦，哦，你说！"笔者的思绪半天都回不到现实中来。

二宝说："妈，你看，窝边的那只鸟在叫爸爸妈妈呢。"笔者说:"它叫爸爸妈妈干吗呢?"二宝说:"它叫它爸爸妈妈给它买吃的。"

笔者和爱人都笑了,都知道他在打主意让大人给自己买吃的。

爱人看着那些鸟窝开玩笑地说:"这些鸟儿还挺会选地方呢。在树林里筑窝总会被风吹雨淋,人家就把窝选在豪华中学的豪华大顶棚,筑了个海景房,建了个豪华窝,视野开阔,多阔气啊!"

笔者也笑着说:"鸟儿在这里筑了个窝,你都说这是豪华窝,那你还嫌你那个窝太寒碜!"

二宝说:"那是我们的家,又不是窝。"

笔者说:"这些鸟筑的窝,就是鸟的家啊!"

窝就是家,家就是窝。这些鸟儿不辞辛苦,口衔枯枝,只为能有一个窝。在窝里,只要一家人相亲相爱,就算在风雨中飘摇,依然会摇曳着爱的甜蜜。

现实生活中的我们,就算住的是华屋丽舍,倘若没有爱,充其量只能算作屋,不能称作家。"鹪鹩巢于深林,不过一枝;偃鼠饮河,不过满腹。"你我皆为凡人,所求不过一窝,窝中必得有爱,人生皆大欢喜。

就像那顶棚下的鸟窝和住在鸟窝里的鸟儿们,每当夜幕降临的时候,一家人挤挤挨挨,挨挨挤挤,一起看星河灿烂,一起看光阴流转……

格此一窝,我们便懂得了爱,懂得了守望……

格脸

人人都有一张脸,脸是人的一张名片。欣赏一个人,首先会注意到他的那张脸,就像有句话说的那样:"欣赏一个人,始于颜值,陷于才华,忠于人品。"看,始于颜值!由此可见,有一张好看的脸是多么重要。

可是并不是人人都有一张好看的脸。比如笔者，自小为有如此一张脸而自嘲。嘴大而牙不齐，鼻子塌而鼻梁又不直，脸圆而肤色又不白，眼小而眉又不弯，简直找不到一处能引以为豪的五官。也许你会说："不要紧，不是还可以让人陷于才华、忠于人品嘛。"要知道，才华和人品的显现是要假以时日的，而脸却是当下就能产生效应的，更何况自己才尚疏、德尚浅，还不足以自信到不靠脸的程度。和许多人一样，无法靠脸博人好感，只有望世间好看之脸而自叹弗如。

于是在世间行走，就格外注意看脸行事，看脸自照。发现有的脸，艳如桃花，光彩照人，可是近之，却冷若冰霜，令人生寒；有的脸，娇如玫瑰，妩媚明丽，可是近之，却如晴雨表，喜怒无常；有的脸，洁如满月，素净文雅，可是近之，却俗不可耐，虚伪矫情。笔者常常为这些人有这样一张脸而心生艳羡，又常常为这些人有这样一张脸而深感可惜。许多人没有那样明艳雅致、妩媚可人的脸，却热心、温和、厚道、真诚、谦恭、有礼，观之可亲，你和他打交道，往往会忽视了他的脸，感念于他对你的坦荡与率真。慢慢懂得，原来人的值得感、获得感并不是靠脸，而是靠我们内心的善良和因善良表现出来的情意。

就像儿童无法抗拒长大一样，谁都无法抗拒容颜老去，岁月可以磨蚀人的牙齿，当然也可以摧残你的容颜。美人终会迟暮，青春难以永驻。在你穿过时光的时候，岁月总会刻在你的脸上，这是谁也逃不掉的宿命。人到中年之后，越来越理解林肯说的那句话："一个人40岁以前的脸是父母决定的，但40岁以后的脸是自己决定的。一个人要为自己40岁以后的长相负责。"阅脸无数，渐渐明白：人到中年后，一个人的长相，就是他精神的长相，就是他内心的刻画。

"有深爱者必有和气，有和气者必有愉色，有愉色者必有婉容。"《礼记》中这样说，意为相由心生，你有什么样的心，久而久之，就会塑造出什么样的脸。40岁以前的脸是物质的脸，40岁以后的脸，更多的是你的性格、性情、德行、修养、神韵和气质。

出门办事，求人帮忙，见人一脸傲气、一脸厌烦、一脸冷漠、一脸虚假、一脸别扭，不必生气，当以此为镜。我虽有一张不怎么好看的脸，但我的脸上透出来的是谦卑，是活力，是热情，是真诚，是平和与坦然。

胡适说："世间最可恶的事，莫如一张生气的脸。"待人和颜悦色，不仅是一种美德，更是一个人最大的教养。以此为戒，笔者时时谨记，与人交往时，应该注意修饰自己的脸。晚上可以不敷面膜，但白天在家里家外，必得示人一张舒服的脸。在家里常保温和，出门自带微笑，对同事必真诚，进教室必愉悦，见领导必坦然，与陌生人交往必谦恭有礼，对邻里乡亲必亲和随意，对父母亲人必心存感激。

时时注意"修脸"，其实就是在矫正内心，长此以往，你的心就会印上你的脸。如此格脸，便会在内心对自己说："请修饰好你的脸吧！"

格人

这个人是袁隆平先生。他逝世已经几个月了，可笔者在内心依然将他默默追悼深深怀念！

记得他去世的那一天，2021年5月22日，缅怀他的文章、评论，刷爆了微信朋友圈。无论什么身份，无论什么文化层次，对于他的功业，无人不知，无人不晓，对于他的离开，无人不痛，无人不悲。就连老天，也痛洒泪雨，真是天地为之动容，日月为之无光。各种悼词一次又一次戳中人的泪点。让笔者印象最深的是，有网友说："你如普罗米修斯盗取火种,专门为人间带来光明与温暖!"笔者想说,他带来的岂止是光明与温暖!

他是院士,成就卓著;他是先生,万世景仰;他是爷爷,子孙无穷;他是佛祖,福泽苍生。他在世间创造的有形财富,难以估量;他为我们留下的精神财富,如一座宝藏,取之不尽。他是人世楷模,他是国士无双。

我们天天让孩子好好学习,学什么呢?就是要学习典范。想做教师,当学孔子;想要经商,便学马云;想做公务员,可学焦裕禄;想做军人,就学雷锋;想当医生,应学吴孟超;想当科学家,要学袁隆平。在孩子们的心里植入一个个典范,就像在他们前行的路上,点亮一盏盏明灯。心里有光,前路自明。

于是,就在当周的作文课上,笔者让学生看了袁先生的纪录片,为他们整理了袁先生的生平事迹及各大媒体对他的评价,并为他们模拟了一道高考作文题:

"袁隆平有两个梦想:一是禾下乘凉梦;二是杂交水稻覆盖全球梦。他的梦想,会点燃我们的梦想。他曾说,人就像一颗种子,要做一颗好种子。他也会在我们每个人心里种下一粒种子。他为你种下了一粒什么样的种子?请你写一篇演讲稿,以'致敬共和国脊梁,争做新时代青年'为主题在班会上深情诵读。"

笔者想将袁先生这枚宝贵的精神之种植入学生的内心,让它在学生的心里生根发芽,开花结果。一个人,你有多大的成就,取决于你在青少年时期有多大的梦想。确立梦想就是在为人生做局。倘若你的梦想是娶个美妻,那么,你长大充其量成个家;倘若你的梦想是买套房,你长大充其量做个房主。我们小时候悔其无梦,所以现在依然是一介凡夫。笔者想要自己的学生明白,就算你微如草芥,依然要有大大的梦想。你的格局决定着你的未来。用袁先生的精神之种，托起你的梦想，提升你的格局，开创你的未来，将你个人的命运与国家发展结合起来，你必将成为国之栋梁。笔者觉得这应该是教师们的使命。虽然平凡，却很神圣！

学生们的文章交上来后，笔者深感安慰。梦想、立志、兴趣、奉献、淡泊、坚持、专注、朴素、节俭、家国情怀、世界情怀、宇宙情怀，种子飞扬，粒粒珍贵！

其实，袁先生何尝不是在我们每个人心里都播下了精神之种！

他并不是生来就自带光环。大学毕业后，他被分配到湖南一个偏远的小镇——安江，在安江一待就是30年。在这里，他可以专注地研究他的水稻。这种随遇而安的精神，为他的成功奠定了基础。人有很多的想法、很多的愿景，但是，现实提供给你的选择和你的愿景不一定是一致的。这个时候，你是随遇而安，还是心有不甘？有的人一辈子痛苦、纠结、苦闷，甚至牢骚满腹，为自己没能活在某个想去的城市而伤感，为自己没能活在某个特定的角色里而遗憾，为自己没能获得炫目的光环而哀叹。不同的地域有不同的优势，不同的行业有不同的喜乐，不同的角色有不同的责任。一个人，你究竟能不能实现你个人的人生价值，归根结底不在地域、行业、角色的差异，而在于你自己是否能安于当下，专注一点，坚持不懈地做下去。

一遍一遍地看袁先生去世后追悼他的各种视频和图片。人们跟着他的灵车奔跑哭喊，冒雨送花祭奠，花束里的卡片，卡片上写满怀念的文字，在他雕像前摆满稻穗，网络上晒出了粒米不剩的空碗。观这些，笔者觉得，我们的国家、我们的社会真的越来越好了，越来越风清气正了。因为，只有崇拜英雄的国家，才会产生英雄，也只有热爱英雄的国家，才会英雄辈出！袁隆平先生是国家的脊梁，是人世的典范。也只有社会风清气正了，才能真的把崇高当崇高！因此，笔者为我们的国家有这样的国士而骄傲，为我们的国家、我们的人民能这样对待国士而骄傲！

斯人已逝，精神长存。风吹稻花，稻香依旧。先生先生近百年，后生后知在此间。先生的永垂不朽，后生的代代仰望！

格花、格水、格窝、格脸、格人，只是个例。朱熹说："盖人心之灵，莫不有知；而天下之物，莫不有理。"生命有灵，万物有理，用人心之灵来识万物之理，而万物之理又可扩充和升华人心，故格物就是我们完成自己、升华自己的有效途径。我们有灵，故可格天下万物。大可格日格月、格天格地、格山格水，小可格花格草、格沙格石、格针格线，等等无所不格，只要我们还拥有一颗敏感善思的格物之心。

天下事物无穷无尽，所蕴含的道理也无穷无尽，所以我们对于这个世界的"知"也无穷无尽。庄子说："吾生也有涯，而知也无涯。"说的就是这个道理。所以，我们要学无止境，格物不止。

是以大学始教，必使学者即凡天下之物，莫不因其已知之理而益穷之，以求至乎其极。至于用力之久，而一旦豁然贯通焉，则众物之表、里、精、粗无不到，而吾心之全体大用无不明矣。此谓物格，此谓知之至也。

朱熹指出，因此，在大学里开始教育时，就必须首先教导学生对世间一切事物，都要根据自己已经认识的道理，去进一步探究它，以便达到最彻底、最深刻、最完全的认识。只要你持之以恒地下功夫，时间长了，终有一天会豁然开朗，并且融会贯通。这样的话，众多事物的现象与本质、精微与粗浅等道理就没有不认识的了。而自己对于全面的本体和巨大的作用方面无不洞察明白，了然于胸了。这就叫作事物的道理尽被了解、明了，这就是认识事物的最高境界了。

这告诉我们，想要了悟世间大道，必须学会格物，从格物中明理达识。而格物，不是为了格物而格物，是为了提高自己的认识，升华自己的觉悟，让自己清楚地了解世界，以便于在这个世界里完成自己、实现自己。

不去探究事情的原理，我们的认知就难免肤浅化、片面化、经验化。每个人都用自己所掌握的知识去认识世界、认识事物、认识别人、认识自己，世界被肢解，事物被误解，别人被着色，自己被蒙蔽。这就是王国维说的"以我观物，故物皆著我之色彩"。"我"的成分越多，投射在"物"上的色彩越浓，世间的见诤就会越多。你说服不了我，我也不认同你，生命在自我的世界里消磨打转，在我的世界里见诤损耗。

若能清空自己，用空杯的心理状态面对万事万物，求证求实，再根据已有的认知对所格之物进行再思考、再认识，从而进一步深化自己的认识。我们要致知，重点在格物。禅宗有句很重要的人生启示，揭露了参禅的三重境界：第一种境界是看山是山，第二种境界是看山不是山，第三种境界是看山还是山。

看山是山。我们的认识只停留在普通的概念层次。知道这是山川河流，那是草原大漠，这是繁华的城市，那是古朴的乡村，这是个帅气的小伙，那是个漂亮的姑娘。所有的事物，我们只知道它叫什么，除此之外，再没有更多的认知。

看山不是山。我们的认识从概念深入到内涵，从表面的现象深入到事物的本质。如大地，亘古如斯，我们生于斯，长于斯，还将死于斯。如果我们从生到死，对大地的认识仅仅停留在"大地只是大地"的层次上，那么，大地就白白养活了我们一生。从我们出生的那一刻开始，大地就源源不断地为我们提供生命的营养，我们的衣食住行，没有哪一样不是来自大地的供养。大地和太阳一样供养好人，也供养坏人，供养人类，也供养动物、植物乃至万物。我们汲取大地的养料，又把不需要的东西投向大地，大地都统统接纳，无私承载。所以《易经》中说"地势坤，君子以厚德载物"。大地气势宽厚和顺，无我无私。我们有生养我们的母亲，而大地又养育着我们和我们的母亲。大地养育着所有人，是我们全人类的母亲。如此格物，我们的认识就不再肤浅。对于大地，我们的认识由"大地"的概念深化到了"人类的母亲"的层次，这就是"看山不是山"的境界。

看山还是山。我们的认识由事物的现象深入到事物的本质，突破了肤浅。更重要的是我们要触类旁通，能够跳出这座"山"看到其他的"山"，乃至看到宇宙的整体、万物的共性，了悟生命的真相。就像盲人摸象，有人摸到大象的耳朵，说大象像扇子；有人摸到象腿，说大象像柱子；有人摸到象尾巴，说大象像绳子；有人摸到大象的肚子，说大象像一面墙。盲人摸到的是大象的一部分，所以对大象的认识，只能是这一部分的认识。怎样才能了解大象的真相？只有治愈盲人的视力，让他们看到完整的大象。我们要认识万事万物的真相，就要睁开慧眼，去探究其背后的真知。我们知道，世间万物都是随因缘而聚，随因缘而散。比如花鸟鱼虫，我们看一朵花便能看到花里的云朵，云朵里的海洋，海洋里的风。我们知道没有一样东西可以独立存在，我们并不是孤岛，我们和世界是一个整体。由大地的承载，我们知道地球就是母亲，所有人都是命运共同体。因此，我们站在认识的顶端去透悟世界，我们看到的山川河流、东方西方、城市乡村、男人女人，都是这个整体里的一部分，只不过，它们各有特色，并各负其责。于是，山还是山，山有山的厚重；水还是水，水有水的灵动。宇宙万物，世界大同，各美其美，美美与共。

如此格物，持之以恒，就会触类旁通，终有一天会豁然贯通。就像我们从不同的方向去爬同一座高山，有人看到的风景是飞瀑溪流，有人看到的风景是鲜花遍地，有人看到的风景是丛林密布，有人看到的风景是凸岭怪石，有人看到的风景是荒草满坡。无论你看到的是什么样的风景，只要你坚持爬，最后殊途同归。一旦你到达山顶，环视远眺，所有风景尽收眼底，认识了山的全貌。这个时候，你再也不会执着于儒家的"入世"，也不会执着于道家的"出世"，更不会执着于佛家的"空无"。你会懂得"入世"是佛家的慈悲，"出世"也不是不问世事，而是做着"入世"的事，怀着"出世"的情。你会懂得"佛法"其实就是"活法"。儒释道何曾分过家，它们本来就是一体的，都是启迪我们的智慧，给我们指出一种更高级、更智慧的活法，仅此而已。

物格而后知"至"。通过格物，我们对宇宙、人生有了全面深刻的认识，对我们自己也有了清晰的认识。古希腊德尔菲神庙的三句箴言，生命最大的工程就是"认识你自己"。我们通过对万物的认识从而认识了自己，原来，自己就是宇宙的一分子，离开一切因缘的供养，自己什么都不是。我们的生命是依托了各种善缘的托举。因此，我们的生命是渺小的。因为渺小，所以没有什么可骄傲的，当谦卑。

宇宙万物，只有不同，没有贵贱。每个生命个体，在这个世间都是独一无二的，不是谁比谁更优秀，只是谁与谁都不同。流水的使命是滋养万物，净化世界；绿植的使命是美化地球，供养生命。那么，我们人类活在地球上，难道仅仅是来做寄生虫的？我们自有我们的担当与使命，我们要让地球成为人类和谐的家园。我们个体的生命，也是各有各的职责。有人专门负责做衣服，有人专门负责做饮食，有人专门负责盖房子，有人专门负责造工具，有人专门负责保家卫国，有人专门负责你的身体健康。我们每一个个体生命，得扪心自问，我们能为他人做什么？如果我们生活的所有东西都由我们亲力亲为，我们将会过怎样的生活？如果我们只坐享其成，那我们在世间充当的又是什么角色？别人凭什么为我们服务？如果人人都不愿为别人付出，人类将何去何从？我们所从事的职业只是不同，并无优劣之分，所以，没有什么好自卑的，应当骄傲。

一个人能干出多大的成就，一方面靠个人的努力，另一方面还要看缘分的加持。就像牛顿说的那样，他取得了成就，是因为站在巨人的肩上。比如笔者曾得了个"市能手"的奖项，就不要以为笔者有多么了不起。笔者的这个奖项里，的确有自己个人的努力，但是，如果只有个人的努力，照样什么都做不成。有多少圣贤法乳滋养过笔者，有多少名师大咖引导过笔者，有多少学生的配合提升了笔者，包括参赛时，有多少评委、多少后台服务工作者成就了笔者。笔者的奖章就是一个天时、地利、人和聚在一起的结果而已。所以，我们当"吃水不忘挖井人"，有一颗感恩之心，用众人成就了你的心意，又去回馈众人，而不是得意忘形，只摘果子忘了本。

格物之后，我们最大的收获就是知道了我们是谁，我们从哪里来，要到哪里去。人活一世，草活一春，草有草的芳华，人有人的光芒。生命虽卑微，如尘埃、如芥豆、如草木，但却可以因为能担当使命而显庄严；生命虽短暂，如萤火、如昙花、如流星，但却可以绽放出动人的光芒。只要我们能超越人生的凄凉与无奈，便可彰显人生的永恒与绵长。

【学员心得】

寻常小事

◎ 杨 丽

今天学习"格物致知",老师布置了作业,我便把发生在我生活中的一件小事分享给大家。

5年前的一天下午,当时正读小学一年级的儿子江雨轩,突然不想写作业了,马上就开学了,他的假期作业还没有做完,虽然只剩一点,好说歹说,他就是不想做。我也很着急,暴怒之下,狠狠地揍了他一顿。可是仍然没起作用,他就不写,一个字都不写。

我当时很焦虑,很冲动,恶狠狠地威胁他:"我不管你的作业了,我要把你送到慧源学校去独立生活!"那个时候,我对慧源学校的认识还比较片面,认为家长管不了的孩子才送到那里去,父母不管,是对孩子最大的惩罚。没想到,他一点都不惧怕,还很开心,马上给他老爸打电话:"妈妈说我不用写作业了,我要到慧源去上学!"

我该怎么办呢?话已说出口了,收回的话下不了台。孩子还这么小,送去封闭式管理的学校,能行吗?继续留在原学校,他体验不到学习的乐趣,厌学了怎么办?我到底该怎么办呢?一整天我都在纠结。

下午,我到办公室一开门,就看见有只小鸟在我的办公室里面扑棱翅膀，四处乱飞。窗户外面有一只大鸟不停地叫着，我赶紧退出来，隔着走廊的窗户观望。

大鸟飞进了办公室，叽叽喳喳叫着，来回飞。那只小鸟抓着窗帘乱撞，一会儿撞到玻璃，一会儿撞到柜子，就是飞不出去。

突然，小家伙一头撞到铁皮柜门上，摔在了地上，吓了我一跳。我赶紧走进办公室，大鸟急忙飞出去了，在窗外飞来飞去。走近一看，小家伙眼睛半眯着，一动不动躺在地上。恰好有位同事进来，他说："没死，只是撞晕了，过一会儿就好了。"他小心翼翼地把小鸟擎起来，放到了窗台上。

整整一个晚上，我都没有睡意，心里非常难过，一直担忧这只小鸟的安危……

第二天一大早，我赶紧到办公室看它。结果，它已经醒了过来，抓着吊兰的叶子，歪着头静静地看着我。我悬着的心终于放下了。

窗外的大鸟依然来回飞翔，声声呼唤。小家伙终于努力飞了出去，落下去，又飞起来，飞远了。

就在那一瞬，我泪如雨下。

我想身为人类，是多么幸运！我们的孩子摔倒了，我们可以用语言鼓励他，可以用我们的肢体安慰他，亲吻他，拥抱他，甚至可以直接把他拉起来。而鸟儿呢？能不能学会飞翔，能不能很好地生存，父母无能为力。那一刻，我也生起了慈悲心。万物有灵，我知道大自然中的一切即是无二。

第六章　释"诚意"

所谓诚其意①者，毋自欺也，如恶恶臭②，如好好色③，此之谓自谦④，故君子必慎其独⑤也！

小人闲居为不善，无所不至，见君子而后厌然⑥，掩其不善，而著其善。人之视己，如见其肺肝然，则何益矣？此谓诚于中，形于外，故君子必慎其独也。

曾子⑦曰："十目所视，十手所指，其严乎！"

富润屋，德润身，心广体胖，故君子必诚其意。

【注释】

①诚其意：使意念真诚。诚，使真诚。意，意念，意志。

②恶（wù）恶（è）臭（xiù）：前一个"恶"字用作动词，厌恶，讨厌；后一个"恶"字是形容词，不好。恶臭，难闻的气味。臭，气味。

③好（hào）好（hǎo）色：前一个"好"字用作动词，喜爱；后一个"好"字是形容词，美好。好色，美丽的容貌。

④自谦（qiè）：自求快意的满足。谦，同"慊"，满

足，慊意。

⑤慎其独：在独自一人的时候要谨慎不苟。慎，谨慎，一丝不苟。独，指一人独处的时候。

⑥厌（yā）然：躲藏掩饰的神态。

⑦曾子：姓曾，名参（shēn），字子舆，春秋时鲁国人，孔子晚年的入室弟子，传为《大学》的作者。

【白话解读】

所谓诚其意者，毋自欺也，如恶恶臭，如好好色，此之谓自谦。

传文中所说的使自己意念真诚，就是不自己欺骗自己。

为什么把自己不欺骗自己叫作诚意呢？前面说过，人天生就有是非判断能力，理解世界、领悟世界的能力，即人人有良知。我们能判断别人做事的对错，同样也能辨别自己做事的正误。可是，我们常常只能看见别人的错误，却看不见自己的错误，或者我们常常容不了别人犯错，自己却常常明知故犯。

这个世界上犯错的人，大多都知道自己是在做错事，可是照样将错就错。比如冲动，谁都知道冲动要付出代价的，可是仍有许许多多的人在遇事时不够冷静，而犯下无法弥补的错误。等到结出恶果，又后悔不已。所谓的后悔，就是因为当初本该做出对的选择，却做出了错误的选择。那些犯错的人，你以为他们是现在才明白自己错了吗？他们一开始就知道自己是错的，可是照样做出了错误的选择。这就叫自己欺骗自己。

我们不禁又要问，是什么原因造成人们的自欺？

道心遗失，人心浮动。也就是我们把心中本来有的光明的道心、纯洁的良知，给弄丢了。抑或是我们的纯净本心、良心，被污染、被蒙蔽了，以至于人心变得强大，成了欲望的奴隶。我们无视自己的良心，做自己不该做的事。做了不该做的事之后，人心强大的自我不断地和良知的自我进行撕扯交战，最终人心欲望厚重的小我战胜了良知良能的真我。于是，小我欺骗真我，真我渐渐退位，小我渐渐成为主人，在尘世为所欲为。

道心遗失，人心浮动，容易造成自欺。那么，我们怎样才能不自欺而使自己意念真诚呢？《大学》里告诉我们："如恶恶臭，如好好色。"对于邪恶的事物，就像厌恶难闻的气味一样；对于美好的事物，就像喜爱那美丽的容颜一样，自然而然。如果能这样发自内心地厌恶所厌恶的东西，喜欢所喜欢的事物，心里就会非常满意、踏实、舒坦。

曾子认为，我们要诚其意，就一定要保护好自己的良知，不要让自己生命中光明的本性被蒙蔽、被丢失。对喜欢的事愿意去做，对邪恶的事能自动拒绝，久而久之，我们愿意做的事都是美好的事，一点点让自己变得更美好。

小人闲居为不善，无所不至，见君子而后厌然，掩其不善，而著其善。人之视己，如见其肺肝然，则何益矣？此谓诚于中，形于外，故君子必慎其独也。

这段文字讲"慎独"。"慎独"与"诚意"有何关系？我觉得"慎独"是对"诚意"的检测，只有真正做到"慎独"了，才能使自己"意诚"。否则，不是自欺，就是欺人。

慎独，指在没人的情况下，一个人独处的时候要管好自己。一个人能真正做到没人的时候和在公共场合下是一样的，就是一种很高的境界，很少有人能做到。在现实生活中，我们大部分人在公共场合，在有人的时候，能管好自己就已经很不错了。然而，一个人的修为高低，恰恰就在于独处的时候和在别人面前时是否能高度一致。

独处的时候能管好自己，靠的是自律，而在公众面前能管好自己，靠的是他律。一个自律的人，他知道什么事该做，什么事不该做。他内心光明、是非分明，于是不自欺，也不会欺人，这样就可以意诚。而一个靠他律为人处世的人，有外在约束的时候，他会做该做的事，不做不该做的事，当外在的约束力减弱或消失的时候，就会去做不该做的事，从而自欺，亦会欺人。古人说："观人于揖让，不若观人于游戏。"你看一个人的本性，不要看他在大庭广众下的进退礼让，要看他平时与人娱乐嬉戏时的行为举止。在公众的应酬与休闲时的随心所欲之间，哪一个才能代表他真实的自己？肯定是后者。只有那些在公众面前和独处的时候行为能保持一致的人，才是真正自律的人，也就是能"慎独"的人。因此，我们做人，也当人前人后一个样，不仅是他律起作用，更重要的是自律起作用，真正做自觉的自我约束的人。

美国有人面向公众做过一个调查：假如你喝了一种药水可以隐身，你最想干的是什么？被调查的民众有95%都回答：抢银行。可见，要真正做到慎独，有多么不容易！大部分人还是靠他律在约束自己，要真正做到自律，还要不断加强道德的教化。

人间多少罪恶的事、多少肮脏的交易，都是在没人的情况下发生的。如果人人都能慎独，人人都能自律，社会岂不是少了许多麻烦。孔子"六十而耳顺，七十而从心所欲，不逾矩"，是长期以来自律的结果。

比如对孩子的教育，有人说陪伴孩子就是最长情的爱，可是如果家长不懂放手，时时都陪着孩子，让孩子做个乖宝宝，那一旦家长不再陪伴孩子，孩子会怎样呢？最高级的陪伴是爱的陪伴、精神的陪伴，而不是身体的陪伴。最理想的状态是无论我们在不在孩子身边，孩子都能如我们在他身边一样，该做什么就做什么，不该做什么就不做什么。有许多家长从孩子一年级开始陪着做作业，一直陪到高考结束，真不知道孩子上了大学会怎样。做有智慧的家长，给孩子独处的机会，培养孩子慎独的能力，让其自立、自律，比因陪伴得了成绩而失了自律能力要重要得多。我们爱孩子的最终目的是让孩子从我们的生命中分离出去，成为独立的自己，哪一天我们不在了，孩子依然能好好地活着。

下面，曾子就为我们举例，指出小人不能慎独的表现："那些道德修养不高的小人，在别人看不见的时候干坏事，什么都能干得出来，可是当他们看到道德修养高的君子时，就躲躲闪闪地将自己伪装起来，力图掩盖自己邪恶的行为，特意显现自己善良的行为。"小人在无人约束时为所欲为，无所不为，而在有修养的人面前，却伪装自己，将自己光鲜亮丽的一面表现出来，故意显示自己的好，以为别人不知道自己的伪善，这就叫欺人。却不知道"人之视己，如见其肺肝然，则何益矣"，别人看他就像看到了他的五脏六腑一样，一目了然。这样的伪装有什么用呢？自以为别人不知道自己是伪善，这其实只是自欺罢了。"要想人不知，除非己莫为""路遥知马力，日久见人心"，都在告诫我们既别自欺，也别欺人。

由上面小人自欺欺人之例，曾子进一步告诉我们："此谓诚于中，形于外，故君子必慎其独也。"一个人有什么样的内心，就会有什么样的外在行为，你再会伪装，都会露出马脚。没有内在的修为，假装的诚意终归是假的。一个人只有在没有人管束的情况下表现出来的状态，才是他最真实的状态。没有人管束的情况下都能管得住自己，那么，在有人管束的情况下，更不用说也能受人管束。面对名利，面对权势，面对美色，都不为所动，能守住本心，这才叫不自欺，这才是真正的"诚意"。

曾子曰："十目所视，十手所指，其严乎！"

这是曾子用自己的话，来进一步论证"慎独"的重要性。曾子说："当一个人独处而别人看不见时，要时刻警惕，就像有许多双眼睛在注视着自己，许多只手在指点着自己，这是多么严的监督啊！"真正的"慎独"是内在的疆域里有内视的监督意识。内在没有自生内视的监督意识，单靠外在力量的监督，百密总有一疏。任何外在的监督都无法管住一颗图谋不轨的心。真正有效的管理是内心的管理、自我的管理。现在的时代到处都是摄像头，到处都是监控。不管有多少摄像头，我们当良知在心，道义在心，清清白白地做事，堂堂正正地做人。

东汉杨震曾经举荐荆州茂才王密当昌邑县令。有一次，杨震经过昌邑县，王密深夜怀揣黄金送给杨震，杨震坚决推辞不接受。王密说："夜深了，没有谁会知道。"杨震说："天知，地知，你知，我知，怎么可以说没有谁会知道呢！"王密很惭愧，怀揣黄金离开了。加强修养，难的不是在有人监督之下做得好，而是在无人监督时，面对各种诱惑，能保持清醒的头脑，怀着"举头三尺有神明，不畏人知畏己知"的敬畏之心自处和处世。

德国哲学家康德说："有两种东西，我对它们的思考越是深沉和持久，它们在我心中唤起的惊奇和敬畏就会日新月异、不断增长。一是我们头顶浩瀚灿烂的星空，一是我们心中崇高的道德准则。它们向我印证，上帝在我头顶，亦在我心中。"心中有道德准则，有信仰标杆，犹如有一盏长明灯，能照见内心的暗角，在任何时候，都能向光而生，通透而行。

富润屋，德润身，心广体胖，故君子必诚其意。

当一个人有了充足的财富时，便可以花钱装饰他的房屋，使房子更宽敞、更明亮，让自己住得更舒服、更安适。这是肉体的生命得到养护。

当一个人的道德达到一定程度时，就会有益于修养身心，使人变得高尚。这是精神的生命得到安顿。

当一个人心胸开阔的时候，身体自然会舒适安泰。这是人的身心和谐。

精神生命不饱满、不充盈，肉体的生命有再多的享受，都不会觉得幸福富足。真正的富足不是拥有得多，而是觉得自己拥有得多。健康的精神寓于强健的体魄，没有强健的身体，精神再怎么强健，活着总归是在受苦。只有身心俱健，活着，才是高质量地活着。身体强健靠先天的体质和后天的运动锻炼，精神的健康靠后天的不断修养。

心广体胖。心广，指内心通达，宽广辽阔，浩瀚如江海，没有什么想不通的地方，什么事都能看得破、放得下。体胖，不是身体发胖，而是身体舒适安康。只有"心广"，才能"体胖"。内心安适了、通达了，身体就自然安泰了。心是什么状态，身体就会呈现什么状态。中国传统文化里，自来心物一体，不可分离。心灵、情绪、思想，影响的不只是人际关系、做事的结果，还有我们的身体健康。

医学上有研究，认为愤怒、焦虑、恐惧等消极情绪，会导致心血管系统功能紊乱，出现心律不齐、高血压、冠心病等，长期处于忧伤、悲哀等情绪状态下会影响胃肠功能，从而可能会导致消化性溃疡和癌症的发生。

总之，人的心灵、情绪、思想和人的身体息息相关。我们活在自己的身体之中，释放了我们的负面情绪，我们的身体就会回到正确的轨道上。所以，活着就是一场修行，修行就是修身，修身关键在修心。修心就是养护自己的道心，把自己本来就有的觉悟能力、光明的德行养护好。

无论独处，还是在公众面前，只要道心光明，我们便能表里如一。爱就是爱，不必装作爱；恨就是恨，不必委屈自己装作不恨。要哭就痛痛快快地哭，要愤怒就歇斯底里地愤怒，要笑就酣畅淋漓地笑。关键是我们在痛哭、在愤怒、在狂笑时，始终要有一个更高的自我在觉照自己，我们知道我们在哭、笑、愤怒。如此，我们才是自己生命的真正主人。身心和谐，与他人和谐，与万物和谐，就是意念真诚为我们带来的利好。

【学员心得】

我对"慎独"的一点思考

◎ 魏寅春

大学《中庸》：所谓诚其意者，毋自欺也。如恶恶臭，如好好色，此之谓自谦。故君子必慎其独也。小人闲居为不善，无所不至，见君子而后厌然，掩其不善，而著其善。人之视己，如见其肺肝然，则何益矣。此谓诚于中，形于外，故君子必慎其独也。曾子曰："十目所视，十手所指，其严乎！"富润屋，德润身，心广体胖，故君子必诚其意。

本章内容具有承上启下的作用，既上承格物致知，又下启正心修齐治平，因而这一章非常重要。"诚其意"最关键的就是做到"慎其独"，"慎其独"是"诚其意"的必由之路。

"慎其独"意为在独处时要极其慎重。就是在没有外人监督、没有外在法律、法规监管的情况下，都能做到约束自己的行为、规范自己的行为，做到谨慎不苟，这是行为主体在道德实践中的自主性和能动性的具体体现。

所以说，我理解的慎独，就是最高层次的自律。

当一个人高度自律时，他就会言行一致，表里如一。这样的人，仰不愧于天，俯不怍于人，光明磊落，坦坦荡荡，所以说"君子坦荡荡，小人长戚戚"。因为君子所为，皆是出自澄明之心，就会不畏人言、不畏人视，自然而然就心广体胖。

慎独者，不欺人。其中典范，当如杨震。杨震当年路过昌邑。曾受杨震举荐的昌邑县令王密，深夜拜访杨震，并送上黄金，杨震当场拒收。王密说："你收下吧，没有人知道。"杨震说："天知、地知，你知、我知，怎么说无人知道？"王密十分羞愧，只得带着黄金狼狈而回。杨震以自己高尚的言行为慎独做了最好的诠释，成为历代师表！

君子所为，光明磊落。而小人所为，外善内恶，要以善掩饰恶，时时担惊受怕、惴惴不安，生怕被人知晓，内心的煎熬可想而知！

慎独者，不自欺。其中楷模，当如王顺友。一个普通的乡村邮递员，在二十多年的时间里，他一个人走了26万多公里的寂寞邮路。在这漫漫山路上，王顺友没有延误一个班期，没有丢失过一封邮件，投递准确率达到百分之百。一个人的长征路他走得坦坦荡荡、问心无愧，能做到这样，原因只有一个，那就是"慎独"。诚如朱熹所言"独之外别无本体，慎独之外别无功夫"。

"慎独"的精神从来没有过时，也从来不会过时。它如珍宝美玉，只会愈加明丽；它如甘甜美酒，只会历久弥香；它如明月清风，照拂澄明之心。

慎独者，常自省。曾国藩说过，慎独而心安，自修之道，莫难于养心；养心之难，又在慎独。能慎独，则内省不疚，可以对天地质鬼神。人无一内愧之事，则天君泰然，此心常快足宽平，是人生第一自强之道，第一寻乐之方，守身之先务也。若要将慎独深耕于内心，就要常常自省，在自省中警醒，在自省中鞭策，在自省中践行。罗翔说，世界上最遥远的距离是知道与做到的距离。懂得道理容易，践行道理困难。如果我们能如古人一样"日三省吾身"，我们就能时刻保持清醒的头脑，做正确的事，走正确的路。

然而，生活中，总有人做不到"慎独"，离开了公众的视野，离开了道德的约束，离开了法纪的监管，人性中的假丑恶就悄然滋生，所以就有了明星的偷税漏税，就有了官员的贪污受贿等。凡此种种，归根究底，就在于他们没有做到"慎独"。如果他们在利益诱惑面前，能够以"慎独"为盾牌，坚决予以抵制，他们必会做出正确的抉择，也会因"慎独"成为"诚其意"者。

孔子七十能随心所欲而不逾矩，就是时时自律、处处慎独的结果。我们做不了孔子，但只要愿意，我们都可以通过"慎其独"之路径做一个能"诚其意"的人。

人这一生，何其短暂！与其自欺欺人，不如内心坦然，要想内心坦然——"诚其意"，就必须"慎其独也"。

第七章 释"正心、修身"

所谓修身在正其心者，身有所忿懥①，则不得其正；有所恐惧，则不得其正；有所好乐，则不得其正；有所忧患，则不得其正。

心不在焉，视而不见，听而不闻，食而不知其味。此谓修身在正其心。

【注释】

①身：程子认为当作"心"，即思想。忿懥（zhì）：愤怒。

【白话解读】

所谓修身在正其心者。

前面一章我们说过，所谓的"诚意"就是不自欺，保持自己光明的本性，养护好自己本来就有的良知，表里如一，喜欢就是喜欢，厌恶就是厌恶。但人的心容易偏斜，有时爱就爱得死去活来，恨就恨得昏天黑地。心一旦偏斜，就容易丢失自己，丧失理智。所以，我们不仅要"诚意"，还要"正心"。

文章第一段写道："所谓修身在正其心者，身有所忿懥，则不得其正；有所恐惧，则不得其正；有所好乐，则不得其正；有所忧患，则不得其正。"为我们列举了人心常有的四种不正的状态。当我们的心处在忿懥、恐惧、好乐、忧患的状态时，我们的心就不正。修身就是修心，修心就要端正自己的思想。

人在什么情况下心思才能端正呢？答案是在内心非常清静的时候。当我们的清静被破坏了，心思被扰动了，就不正了。心不正了，就会偏斜。有什么样的心念，就会有什么样的行为，心偏斜，行为必然偏斜。所以，要使我们的行为合乎道德规范，就要时常保持觉知，中正平和，别让自己的心失之偏颇。

然而，在现实生活中，我们的心太容易起伏波动。《大学》里说了四种心不正的表现，其实，何止四种！除了忿懥时心不正、恐惧时心不正、好乐时心不正、忧患时心不正之外，忧思惊恐悲、喜怒哀乐皆容易引起偏激。一旦思想偏激，理智就丢失，理智丢失，就容易干傻事、蠢事。我们人生的历程中，所有的错事、傻事、蠢事，不都是在心思不正的情况下做出来的吗？

心静如镜，便能照见事物的本来面貌；心静如水，自然就能沉淀水中的杂质，映现天上的明月。心不静，则思绪混乱，心灵扰动，想问题不周全，行为难免有偏颇。

身有所忿懥，则不得其正。

忿懥，就是愤怒，在佛教里指"嗔心"。愤怒则容易冲动，冲动则容易闯祸。自古至今，因愤怒而冲动闯祸的事件数不胜数。刘备因关羽败走麦城，愤怒之下完全听不进诸葛亮的建议，不顾一切要去为兄弟报仇，在猇亭之战吃了败仗，逃回白帝城，一病不起，一举断送了蜀汉的功业。张飞性情暴躁易怒，不仅酒后鞭打曹豹，以致曹豹为报酒宴受辱之仇背叛刘备，还导致自己最终死于曾鞭打过的部下张达、范强之手。曹操中了周瑜的离间之计，因愤怒而误斩蔡瑁、张允两员水军大将，导致水军无人指挥，实力锐减。2006年足球世界杯决赛中，法国球星齐达内在加时赛的最后10分钟，因受到对方的挑衅而动怒，用头撞了对方球员，以一张红牌为自己的世界杯生涯画上了句号，并导致法国队把冠军拱手让给了意大利队。

人在愤怒下做出的选择，往往是最愚蠢的选择。人在愤怒时，就像心里着了火一样，使得行为往外奔突，毫无节制，生命本身变成了愤怒，如妖如魔，害人害己，实在可怕。而且愤怒伤肝、伤肺、伤胃，还影响睡眠，损伤免疫系统，宜当节制。

有所恐惧，则不得其正；有所忧患，则不得其正。

恐惧和忧患，前者是因，后者是果。因为恐惧，所以患得患失。这都是心思不正的状态。

恐惧是所有负面情绪的源头，恐惧让生命充满黑暗和痛苦。人在恐惧中有两种状态。一是放弃与无望，活在匮乏里；二是挣扎和抓取，活在纠结中，无论拥有多少，永远都觉得不够。自暴自弃者当然无法活好自己的一生；挣扎和抓取者很努力，也很费力。我们对孩子说："你不努力，将来就不能过上好日子，一生都会很贫穷。"我们对学生说："你不用功，未来就会很暗淡。"我们的领导也这样对我们说："你们不好好努力，就评不上职称。"这导致我们所有的创造都很费力。一方面，我们在恐惧中，就会觉得拥有的都不够；另一方面，又好想让自己多多拥有。好像内心里有两个人一直在打架，我们用一部分能量去对抗恐惧和担忧，用另一部分能量来创造。在恐惧中获得成果与成功的人，会苦不堪言。

创造成果一定是轻松的，富足的人生一定是内心平和的。这种状态不是指孩子们不需要努力学习，我们不需要努力工作，而是指我们在生活中、工作中，没有任何焦虑，没有任何恐惧，我们的内在不需要分出一半的能量去对阵自己，不需要压制我们的另一部分担忧，拿出全然的能量倾注在我们的创造上，我们必然身心合一，感到愉悦。

恐惧与担忧的实质是总担心未来没有保障。如果你对未来非常确定，未来无须你有丝毫的担忧，你会活成什么状态？必然是无忧无虑的，轻松喜悦的，内心安适自在的。可是，我们现在活成那个样子了吗？为什么我们现在没有活出这种无忧无虑、轻松喜悦的样子呢？是恐惧剥夺了我们把生活过成自己想要的样子的机会。所以，我们要释放掉我们的恐惧与担忧。

如何释放我们的恐惧与担忧？就是将偏离了轨道的心收回来，回到当下，对未来不再抱有任何担忧。如《心经》中说的那样："心无挂碍，无挂碍故，无有恐怖，远离颠倒梦想。"我们最擅长的是站在现在看未来，站在现在回望过去，不能从未来的角度来审视现在。如果我们能像总结过去的得失一样，站在未来的角度来审视现在，我们会发现，我们许多的恐惧和担忧都是不必要的。一个年轻的母亲带着一岁半的小孩去看牙医，她说："医生，我的孩子还没长牙，怎么办呀。别的小孩半岁就长牙了，我的孩子一岁半了还没长，把我都急死了！"医生平静地问她："你见过一直不长牙的人吗？"就像那位担心孩子不长牙的母亲一样，我们担心这担心那，而实际上，这些担心只是自己对未来的想象在内心的投射。

以笔者的母亲为例，对于一个农村老太太来说，有几万块钱的存款就已经很富足了，可是她舍不得花掉存折里的钱。儿女、孙子、孙女给她的钱，她只知道往存折里存。笔者说："妈，我们都不在家，给你的钱，你想要啥你就买，莫舍不得花。"她说："一下花完了咋办？"笔者说："你要想到，你一边花，我们一边又不断地给你，你怕啥？"她说："钱多了又不问我要饭吃，先存着，等以后我不能动了再用。"每每听她说这样的话，笔者都很难过，难过于母亲的无明。母亲年轻时穷惯了，到老都一直活在这种匮乏当中，永远活在对未来的担忧之中。笔者常常想质问她："那个时候，你动都动不了了，钱还能为你干什么？"但是，对于一个70岁的老人，特别是活在恐惧与担忧之中的老人，笔者不忍心把她引到直接面对死亡的可怕境地。

人为什么会贪心，说到底是因为恐惧，担心目前拥有的不够，害怕目前拥有的这些无法抵挡未来的不测。如果没有恐惧、没有担心，就会感到无比满足、无比丰盛，则现在的一切都刚刚好。

有所好乐，则不得其正。

如果心中有所爱好的事，那么心态就不能端正。这里"爱好的事"不是说我们不能有喜欢的人、事、物，而是我们对喜欢的人、事、物感情不能过度。老子说，甚爱必大费，过分贪恋，必然会有大的耗费。外物是用来养护生命的，够用就好，过分执取，则时间和精力都会投注其上。我们关注什么，能量就会聚集在什么上。投注在名利、财物上，则能量被名利、财物耗费。投注在精神成长上，精神沃土必然更加肥沃；投注在事业上，事业必然结出硕果。

假如我们夸奖一个官员，通常会说他"廉正奉公"，"廉"是清廉，"正"就是心正。心不正则不能"奉公"。纣王荒淫无道，搜刮民间金银珠宝、珍禽奇兽，大兴宫室园林，与宫女寻欢作乐，最后被武王讨伐，自焚而死。宋徽宗喜好书画、蹴鞠，整日沉迷其中，不理国事，让蔡京等人主持朝政，最终酿成"靖康之耻"。明熹宗朱由校，身为皇帝，却不理朝政，性喜"椎凿髹漆"之事，终致皇权落入"九千岁"魏忠贤手上。

所好之乐当符合道义，如对不符道义的事，"好乐"过度，则玩物丧志，大可以亡国丧身，小可以坏事误事。有人好色，导致妻离子散；有人好赌，以致倾家荡产。人处在什么位置，要做符合什么位置的事；处在什么年龄，要做与年龄相当的事。心有偏斜，则会错位。该学习时早恋，则错过学习的最佳时段；该结婚生孩子的时候，追求轻松自由，则会错过最佳的生育时期。该创业的时候，因为储备的知识不够而力不能及；该退休享受晚年安乐的时候，却因为年轻时的某些耽溺而不务正业，以致最终惚惚惶惶。一步错，终身错，有时候，一步就是一生。人生始终处在不当位的状态，岂不悲哉！

心不在焉，视而不见，听而不闻，食而不知其味。此谓修身在正其心。

既然我们的心那么容易偏斜、偏激，那么，我们的心怎样才能处于端正的状态？《大学》里明确地告诉我们，要"心不在焉，视而不见，听而不闻，食而不知其味"。

"心不在焉"是个中性词。一种解释为，把心放在了别处，不能够专注在该专注的事情上。如孩子边吃饭，边看电视，应该把专注的点放在吃饭这件事上，却把专注的点放在了看电视上，对于吃饭这件事来说，孩子就是心不在焉。另一种解释是，正因为一个人把注意力专注在自己专注的事情上，面对任何外在的事情，都没有分心，不受干扰，这也叫心不在焉。比如孩子正在做手工，妈妈喊他吃饭，他不答应，跟他说话，他也不理会。对于爸妈的呼唤，孩子也是心不在焉。我们常说，某人学习、工作达到了废寝忘食的程度，这就是一种心不在焉的状态。如孔子曾经学韶乐，三月不知肉味，这种对音乐的忘我专注，就叫心不在焉。

我们要修一颗中正之心，就是要把心放在自己该专注的点上。制心一处，心无旁骛，面对任何外在的诱惑都不为所动。王阳明把这种状态叫"心外无物"，不受外物干扰，只专注于当下。修心在正其心，就是学会把散乱的心集中在一个点上，专心致志。

《佛陀传》记载，佛陀在菩提树下开悟以后，第一次为几个小孩讲经说法，是以吃橘子为例的。

他说："你们平时把橘子剥皮来吃，可以把它吃得专注或不专注。怎样才是吃得专注呢？那就是当你吃橘子的时候，你很清楚地知道自己在吃橘子。你可以全面地感受到橘子的香和甜。当你剥橘子的皮，你知道自己在剥它的皮；当你把一瓣橘子剥下来放进口里，你知道你是在把一瓣橘子剥下来放入口中；当你体验着橘子的芳香和美味时，你是觉察着你在体验那芳香美味。""留心吃橘子的意思，就是要在吃它时真正地与橘子接触和沟通。你的心没有思念着昨天或明天，只是全神贯注地投入此刻。这时，那橘子才真正存在。生活得留心专注，就是要活在当下，身心都投进此时此刻。"

生活中，像吃橘子这样的日常小事，也需要身心都投注在此时此刻。茶有茶道，酒有酒道。贵在时刻觉知，专注于此刻。而我们大多时候，活得大意，活得糊涂。我们没有去经营生命，心思常常飘忽不定，行为在此，而意念在彼，睡觉时想工作，工作时想休假，休假时又想到工作，上班时想要陪伴孩子，陪伴孩子时又想要做家务，不能一心吃饭，不能一心走路，不能一心放松，不能一心开会，等等不能，终归不能制心一处。

任何修身的学习，都是在心上下功夫。收摄住我们散乱的心，把万缘放下，让心保持空明的状态，则内心明月朗照，清明通透。

生活就是正心的道场，修心、养心、摄心、护心，安住在当下，无有忿懥，无有恐惧，无有好乐。集中能量做自己想做的事，无论工作、读书、洗衣、做饭，时时保持正念，一定大有可为。所以，修身就在于正心。

【学员心得】

正其心，思无邪

◎ 陈　丽

　　正心是诚意之后的进修阶梯。诚意是意念真诚，不自欺欺人。通过致其知、诚其意，我们能够更客观、更真诚地对待自己的生活。但生活并不只有单纯的理性思辨，生活中的事情总会触动我们的情感，诚意可能被喜、怒、哀、乐、惧等情感支配役使，使我们成为情感的奴隶而失去自由。

　　因此，修身在于修养我们的内心。心是身的主宰，心体至虚，本来不着一物，一有所着，则心为之所累，而不得其正。着在怒的一边，而有所忿懥，则心为忿懥所累，不得其正；着在惧的一边，而有所恐惧，则心为恐惧所累，不得其正；着在喜的一边，而有所好乐，则心为好乐所累，不得其正；着在忧的一边，而有所忧患，则心为忧患所累，不得其正。如果我们不能自察，任其左右自己的行动，我们的判断就会被影响，乃至于"心不在焉，视而不见，听而不闻，食而不知其味"。"诚其意，不自欺"之后，还需要"存是心以检其身""密察此心之存否"，从而"直内而修身"。

　　"正其心"是要我们尊重感情、尊重生活的现实性，同时又让我们尽力规避特定情境、特定事情对我们的生活造成过大的影响。跳出这些情绪之后，才能反过来审视它们、理解它们。理解它们就是理解世界，理解我们自己。理解之后，就能采取行动，改善自己，乃至于改善自己所处的环境。

若其心不正，则因其意不诚；其意不诚，则因未能致其知；未致其知，则因格物功夫未到。是故，格物、致知、诚意、正心四者实为一体多面，循环不休，往复之间，方能更上一层楼。此谓"螺旋上升"之理也。

儒家文化讲求动机，讲思想决定意识，意识决定行为。有什么样的思想意识，就会有什么样的行为方式。可以说在某种程度上，即"态度决定一切"。

一名武士向禅师求教："真的有天堂和地狱吗？"

禅师问他："你是做什么的？"

"我是一名武士。"

"你是一名武士？"禅师叫道，"什么样的主人会要你做他的门客？看你的面孔，犹如乞丐！"

武士听了非常愤怒，按住剑柄，作势欲拔。

"哦，你有一把剑，但它看起来也太钝了，根本砍不下我的脑袋。"禅师毫不在意地说。

武士气得当真拔出剑来。

"地狱之门由此打开。"禅师缓缓地说道。

武士心中一震，若有所悟，接着，收起剑向禅师深深鞠了一躬。

"天堂之门由此敞开。"禅师欣然道。

生活里天堂与地狱只有一线之隔，全在于一念之间。

禅学里有个苏东坡与佛印的公案。有一天，苏东坡和佛印辩论，他问佛印："你看我像什么？"佛印看了看苏东坡，回答："像个佛。"苏东坡又问佛印："你知道在我眼中，你像什么吗？"佛印笑着问他:"你看我像什么呢?"苏东坡说:"你看起来像堆牛粪!"佛印笑而不答。苏东坡很得意地以为他赢了,回家告诉苏小妹:"今天我终于辩赢佛印了。"苏东坡把事情的经过告诉了妹妹。聪慧的苏小妹听完后对哥哥说:"今天你输惨了。佛印因为心中有佛,所以他看你像个佛。因为你的心中只有牛粪没有佛,所以你只能看到牛粪而看不到佛。"

要有良好的行为,必须先端正自己的心态,树立正确的观念,建立合理的态度,实施适当的行为,才能产生和谐的人际关系、和谐的人与物的关系,才能达到良好的行为效果。如果心中只有牛粪,那只能闻到牛粪的味道,永远也参不出佛理。

人类生存的最高目的在于做事和安人。做事先理事,理事先安人,安人先安己,安己先安心。己身不正焉能正人,己心不安焉能安人。

修身,齐家,治国,平天下。修身是第一位的,修身就是加强自身的道德修养,就是端正自己的做人态度,就是端正自己的心灵,就是正心。身如果能修好,进可以治国平天下,退可以齐家与安民。

中国历史上出现过多次外戚专权、宦官乱政的严重事件,究其原因是宦官和外戚没有受过正规的儒家文化的熏陶,没有经过儒家文化的正心、修德、修身的教育,在家则乱家,位高则乱国。遍观中国历史,凡是宦官专权、外戚专权,从没有过清明的政治、繁荣的社会,反而使百姓流离失所,民不聊生,政乱国灭。

综上所述,正心是一切的根本,尤其是做人的根本,是道德修养的根本,是一切管理的根本。如果一个人连基本的道德修养都没有,缺少一颗正直善良的心灵,他还能成就什么样的事业呢?所以,"正人先正己,正己先正心"。

曾国藩说，灵明无着，物来顺应，未来不迎，当时不杂，既过不恋。人生短暂，短暂到我们来不及用更好的方式去慢慢度过，所以，唯一能够做的，就是修养出一个更干净、更纯粹的灵魂，去救赎那个身在红尘之中，容易被贪欲蛊惑的身体。

第八章　释"修身、齐家"

所谓齐其家在修其身者，人之其所亲爱而辟①焉，之其所贱恶而辟焉，之其所畏敬而辟焉，之其所哀矜②而辟焉，之其所敖惰而辟焉③。故好而知其恶④，恶⑤而知其美者，天下鲜⑥矣！

故谚有之曰："人莫知其子之恶，莫知其苗之硕⑦。"此谓身不修，不可以齐其家。

【注释】

①辟（pì）：偏激，偏见。

②哀矜（jīn）：同情，怜悯。

③敖（ào）：通"傲"，骄傲，傲慢。惰：懈怠。

④好（hào）：喜爱。恶（è）：缺点，坏处。

⑤恶（wù）：厌恶，讨厌。

⑥鲜（xiǎn）：少。

⑦硕（shuò）：壮，大。这里指禾苗苗壮。

【白话解读】

　　这一章主要讲修身的重要性以及修身与齐家的关系。八目里，格物、致知、诚意、正心，是生命内部的建设，修身是由内到外的桥梁。只有内在的工程做得好，才能更好地实现外在的功业，去齐家、治国、平天下。没有谁内在的生命如一摊烂泥，还能在外部的世界建起事业的高楼；没有谁内在的生命呈现出的是凄风苦雨，外在的生命却能展现出春天的繁花似锦。所以《大学》里说"自天子以至于庶人，壹是皆以修身为本"。

　　修身是齐家的根本。家就是人生修炼的第一个道场，从出生到死亡，人三分之二的时间都是在家里度过的。人在家里的行为习惯与家人相处的思维方式是走向社会与人交往的模板，所以先修好身才能齐好家，齐好家才能治好国，"修身"这一环节显得尤为重要。

　　所谓齐其家在修其身者，人之其所亲爱而辟焉，之其所贱恶而辟焉，之其所畏敬而辟焉，之其所哀矜而辟焉，之其所敖惰而辟焉。

　　先整体解释一下这几句话。这几句话是解释为什么一个人齐家必先修其身。因为人心容易偏斜，心一偏斜就会产生偏见，出现偏激的行为。你想要走出家门之后，也能中正客观地对人、对事、对物，那么首先你在家里就要如此对待自己的家人。当然，这个"家"比我们现在的"家"范围要大。古代是农耕文明，人口自然繁衍，所以一般家族都比较大，少则几十口人，多则几百口人。面对几十口、几百口人的大家庭，人的心难免对自己亲近或怜爱的人有所偏爱，对自己厌恶的人会有成见而轻视，对自己敬服的人会过分恭敬，对不如自己的人会过分怠慢，对自己同情的人会过分怜悯。这些偏斜的思想和行为，会影响家族的和睦与兴旺发达。

人之其所亲爱而辟焉。

人对自己所亲近或怜爱的人，往往会过分地亲近怜爱他，因而不可避免地有所偏爱。在皇宫里，倘若皇上偏爱哪个妃子，后宫必然不得安宁，不是东风压倒西风，就是西风压倒东风。《甄嬛传》里几个妃子把后宫搞得鸡犬不宁，虽有对历史的戏谑成分，但是皇上偏爱妃子的确会给后宫制造矛盾。周幽王偏爱褒姒，烽火戏诸侯，竟然只为博得美人一笑。我看美人不笑才是对的，美人一笑，后世人则笑幽王而骂美人。笑幽王愚蠢，骂褒姒红颜祸水。汉武帝偏爱阿娇皇后，用金屋藏之。唐玄宗独宠杨贵妃，杨门一家皆成王侯将相，安史之乱、马嵬之变，毁了他前半生的英明。就算在现代社会，一家几口人中，倘若做媳妇的偏爱子女而忽视了公婆，就会产生矛盾，做公婆的偏爱儿子而冷落了儿媳，也会产生矛盾。家庭如此，单位如此，国家也如此。我们都要修一颗公正无私的心，不因感情的亲疏而好恶别人，尊重别人就是尊重自己，爱出者爱返，福往者福来，只有心公道了，身边才能聚积更多的善缘，成就别人，也能成就自己。

之其所贱恶而辟焉。

人对于自己所鄙视和厌恶的人，往往会因心有成见而过分鄙视厌恶他。但是你讨厌的人并不代表对方没有优点，只是你厌恶对方的心念蒙蔽了你的理性，先入为主戴着有色眼镜看人，忽视了对方的优点。有俗语曰："用人之长，天下无不用之人；用人之短，天下无可用之人。"一个领导者，如果先对某人有成见，那么就算此人有能为他所用的才能，他也懒得去用，这样就会错失良才。

曹操用人，不仅求贤若渴，而且对人才不求全责备。他主张"治平尚德行，有事赏功能"，唯才是举，不拘微贱，不计私仇，得而用之。曹操攻打南阳时，驻守南阳的张绣投降于曹，但后来又阴谋攻曹，致使曹操受伤，曹操长子曹昂战死。事后张绣又归降曹操，曹操不念旧恶，以张绣为将军，并与他结为儿女亲家。这需要度量，更需要智慧。曹操对张绣，不可能不贱恶，但对于张绣的才能，他也看得清清楚楚。

老子说："故善人者，不善人之师；不善人者，善人之资。不贵其师，不爱其资；虽智大迷，是谓要妙。"善人可以做恶人的老师，不善的人也可以作为善人的借鉴。不尊重自己的老师，不珍惜能借鉴的人和事的人，虽然自以为聪明，其实是最糊涂的人。"三人行必有我师"，我们当"见贤思齐焉，见不贤而内自省也"，而不是一味贱恶之。讨厌一个人行为粗鲁，也要看到他的果决与勇敢；讨厌一个人行动缓慢，也要看到他的从容与淡定。

为什么说世有伯乐，然后有千里马。千里马常有，而伯乐不常有？因为能真正做到公正无私地看待人事，实属不易，普通人往往都会因贱恶之心，而看不见对方的优点。

之其所畏敬而辟焉。

人对于自己所畏服、恭敬的人，往往会过分畏服、恭敬他，因而不可避免地有所偏敬。

传统文化中那些穿越时空依然历久弥新的智慧，我们要大力弘扬，而有一部分是糟粕，是当时社会环境的产物，和我们现在的社会发展格格不入，对于这些过时的，不利于现代社会发展的文化，我们要果断地抛弃。比如奴才文化，对别人，我们称"尊"，这没有错，但也不必非得贬低自己称"贱"、称"仆"、称"奴"。我们要尊敬别人、畏服别人，但也不要盲目地陷入个人崇拜而失去自我。见了有钱人或位高权重者，不必唯唯诺诺，也不必把自己放得很低很低，唯领导的命令是从，不分是非曲直一律认同。领导的决策正确，我们当然得坚决执行；领导的决策失之偏颇，做下属的应当及时点醒与指正，真诚地提出建设性意见。你对领导什么时候都是点头哈腰，久而久之，领导也就忽视了你作为正常人的身份，你永远只能做一个没有主见、没有能力的配角。我们只有自己尊重自己，别人才会尊重我们，假如我们自己都贬低自己，别人怎么能看得起我们。人与人之间有长幼的序列、上下级的区别，但抛开年龄与级别，人与人之间的人格是平等的。尊重敬服不等于仰视一切，我们当以一颗平等的心平视众生。

作为领导者，我们也要懂得人之其所贱恶而辟焉的人性弱点，用一双慧眼识得真正的下属，知道哪些人是阿谀奉承之徒，哪些人是忠诚正直之流。辨得明下属的夸赞之辞与批评之语，哪些是巧舌如簧、私欲作怪，哪些又是耿直质朴、一心为公。

作为父母，我们对待孩子常常是冰火两重天。有儿童故事这样说道，"妈妈生气的时候如狮子，妈妈欢喜的时候如天使"，这就是心在摇摆的结果。当我们心情愉悦的时候，孩子的调皮是可爱；当我们心烦的时候，孩子的调皮就成了捣乱。我们对外界事物的解读，常常因心情而定，有失公允。

作为配偶，我们看待爱人也常常如此。爱的时候死去活来，决心"执子之手，与子偕老"；不爱的时候，就觉得对方一无是处，恨不得对方滚入地狱。爱时忽视了对方的缺点，恨时想不起对方的优点。总是非此即彼，二元对立。

在现代社会，有很多年轻人"追星"，将自己崇拜的明星奉为神明。追星没有错，但一定要追那些值得我们追的星，追那些为社会国家做出巨大贡献的星，追那些全心全意为人民服务的星。你若想从教，就追张桂梅这样的星；你若搞科研，就追杨利伟这样的星；你若想从军，就追雷锋这样的星；你若想经商，就追任正非这样的星，你若想当官，就追焦裕禄这样的星……这些时代的巨星，引领社会发展的方向，也能指引我们的人生路。我们照他们一样去思考，照他们一样去说话，照他们一样去奋斗，照他们一样去奉献，最后，我们自己也会成为自己的星，成为时代的星。

之其所哀矜而辟焉。

人对于自己所怜悯、同情的人，往往会过分怜悯、同情他，因而不可避免地有所偏袒。

哀矜，就是我们的同情心。同情弱者是我们本来就有的美好德行。但是，我们也不能因为同情心而失去理智，要做有智慧的好人。《东郭先生和狼》《农夫与蛇》的故事不仅仅是寓言，现实生活中，"狼"和"蛇"也大有人在。

有许多人会利用别人的同情心行骗，如果我们不加辨识的话，不仅可能害自己，还有可能让更多的人受害。

同情是一种美德，但是在社会生活中，如果滥施同情的话，就会成为那些看起来可怜，其实非常可恨的骗子的欺骗对象。如果我们不加辨识的话，就会有更多好逸恶劳的人利用别人的同情心行骗。行骗者得逞的越多，社会风气就越恶劣，如此便肢解了人们之间的信任。

孔子有六言六弊，我们当谨记在心，其中"好仁不好学，其蔽也愚""好信不好学，其蔽也贼"就是教导我们，只有善良和诚实的品格还不够，还要努力学习。大多骗子行骗，就是利用对方的忠诚与善良。如果不学习，就看不清身边的人和事，处理事情就会陷于僵化与教条，这样就容易受伤害。只有不断学习，才会明事理，才能增长见识，启迪智慧，灵活变通地处理生活中发生的各种事宜。在同情别人，帮助别人的时候，不会因为智慧不够而伤害自己。

之其所敖惰而辟焉。

人对于自己所傲视、怠慢的人,往往会过分傲视、怠慢他,因而不可避免地有所偏轻。

敖惰,指人的骄傲之心。人们常说"骄兵必败",又常说"满招损,谦受益"。人一旦骄傲,便会自视甚高,刚愎自用。一个有能力的人往往会犯自负的毛病。攀高要防跌重,无论在什么时候都应该有一颗谦卑的心,有一颗海纳百川的心。受得了夸赞,也经得起批评,别动不动看不起别人,总认为自己是天下第一。

关羽认为自己一人能敌万人,所以敢单刀赴会,根本不把孙权众将放在眼里。我们佩服他的胆量与勇气,同时也要看到他身上的傲气。东吴想要与他结为儿女亲家,他竟然直言"虎女焉能嫁犬子",认为自己是虎,别人都是犬,傲气可见一斑。也正是他的傲气,为他败走麦城埋下了祸根。倘若他有容人的雅量,真的将女儿嫁给东吴,东吴还会用计陷害自己的岳丈吗?

项羽认为自己"力拔山兮气盖世",无人能比,所以不听任何人的建议。鸿门宴前,听曹无伤言之"沛公欲王关中",那还了得,霸王只能他项羽来做,岂能容小小泗水亭长来做。于是,他不同任何人商议,便大怒曰:"旦日飨士卒,为击破沛公军。"可是,当刘邦来到鸿门,对他毕恭毕敬地说:"臣与将军戮力而攻秦,将军战河北,臣战河南,然不自意能先入关破秦,得复见将军于此。今者有小人之言,令将军与臣有郤。"项羽的自尊心得到了极大的满足,以为自己原来是刘邦心中的战神。刘邦的花言巧语,迎合了他的傲气,让他一下子就放下了击杀刘邦的念头,并当即出卖了为自己送信的曹无伤,致使刘邦回营后立诛曹无伤。他擅长武力,便认为用武力可以解决一切事情,所以不用谋臣,仅"有一范增而不能用"。反观刘邦,一到紧急情况便问张良、陈平,曰"奈何""为之奈何"。所以,项羽虽有盖世之势，却因敖惰而失势。刘邦文不能比张良，武不能比韩信，却能虚心待之，从而成就旷世伟业。由此可知，敖惰之心不可有，谦卑之心不可无。

故好而知其恶，恶而知其美者，天下鲜矣！

这一句是对前五句的总结。告诫我们，喜欢一个人的同时要能看到他的缺点，憎恶一个人的同时要能看到他的优点，能够这样中正公平地看待事物、处理事物的人，天下真是太少了。

为什么这样的人太少？因为要做到这样太难。生活中，我们往往与《大学》要求的相反，喜欢一个人时看不到他的缺点，憎恶一个人时又看不到他的优点。

中国传统文化讲究一阴一阳，谓之道。任何事物都有它的两面性，每一个优点的背后都会隐藏一个缺点，同理，每一个缺点的背后都会隐藏着优点。比如孩子活泼是优点，背后隐藏的缺点是好动；孩子内向是缺点，其背后隐藏的优点是专注。性格直爽是优点，其背后隐藏的缺点是粗心大意；做事磨蹭是缺点，其后隐藏的优点是从容稳重。总之，如果用心，你总能从事物的一面当中看到它的对立面。俗话说"有得便有失，得失必相连"，没有绝对的优点，也没有绝对的缺点，要一分为二地看待。

如东西方文化差异。东方有东方的好，东方也有东方的不好；西方有西方的好，西方也有西方的不好。我们要能学习西方的长处，也能看到他们的不足，千万不可全盘西化，也不可全盘拒绝。我们对我们自己的文化也应客观、公正地审视继承，发扬其优秀的一面，舍弃其糟粕的一面，不可盲目自满，也不要妄自菲薄。

故谚有之曰："人莫知其子之恶，莫知其苗之硕。"此谓身不修，不可以齐其家。

最后一段回归主题,用古代谚语来证明修身对于齐家的重要性。民间谚语有这样的说法:"人们往往难以知道自己孩子的坏毛病,永远不会认为自己田里的禾苗是长得茁壮的。"

"莫知其子之恶",指太过偏爱自己的孩子,用感情的标尺来评判孩子,所以不容易看到孩子的缺点。我有个同学的姐姐,孩子自小凶悍,她总是以孩子能欺负别的孩子为傲,不但不制止孩子的恶劣行为,反而在人前夸口,说自己的孩子如何如何厉害,能打得过比他大的孩子。只要她的孩子与其他孩子发生矛盾纠纷,她总是鼓励自己的孩子去战胜别家的孩子。结果,左邻右舍的孩子都怕她家的孩子。同学姐姐一家很得意,那孩子更得意,邻里乡亲也都认为这个娃不好惹。

不料前几年,这孩子与同学发生口角,失手把同学打死了。虽然是误杀,但牢狱之灾必不可免。我想,这场误杀与他小时候被鼓励和人打架斗殴多多少少有些关系吧。这就是过分偏爱自己的孩子,并不知道这样的好勇斗狠是孩子身上的缺点,如果从小就加以教养,进行严训,或许不会铸成如此大错。

"莫知其苗之硕",岂是农民不认为自己的禾苗茁壮?这是一种这山看着那山高的心态,是一种不知足的心态。如果我们对当下的状态统统地悦纳的话,我们看到自己拥有的高兴,看到别人拥有的也高兴,我们看到别人拥有而自己没有还是高兴。一个人难得的不是悦纳得到,而是悦纳不足。

如果我们所有人都能怀着"比上不足,比下有余"的心态来看待现有的生活,就没有那么多的攀比与计较,没有那么多没必要的矛盾与痛苦,回到家里安心自在,走到社会也淡定自若。这才算是入也逍遥,出也逍遥,家庭和睦,事业发达。

【学员心得】

欲不可纵，傲不可长

◎ 洪 莉

今天学习了《大学》的这一章。理解这一章，需掌握两个重点字的意思，即"之"和"辟"。"之"是"对于"的意思，"辟"是"偏颇"的意思。

整章文字大意如下：所谓整治自己的家族在于修养自身品德，因为人们对于自己所爱的人往往会偏爱，人们对于自己所厌恶的人往往会偏恶，人们对于自己所敬畏的人往往会偏敬，人们对于自己所同情的人往往会偏护，人们对于自己所轻视的人往往会偏轻。喜欢一个人而知道他的缺点，讨厌一个人而了解他的长处，这样的人天下少有。所以有谚语说："人都不知道自己孩子的缺点，人都不满足自己庄稼的茁壮。"这就是不修养自身就不能管理好家庭和家族的道理。

这一章的核心思想是齐家在于修身。反过来说，修身是齐家的前提和基础。何为修身呢？修身就是修心。我们该修得怎样的一颗心呢？除了前面几章讲的平静之心、真诚之心，还要做到不偏爱、不偏恶、不偏敬、不偏护、不偏轻，就是要有一颗端正的、不偏颇的心。因为偏颇会导致心不正，心不正就身不修。学习了这些经典文化和圣贤智慧，再对照自己，会觉得做人难，做一个有修养的人更难。因为我们毕竟是充满烟火味的凡夫俗子。那是不是觉得难，就不学了呢？

答案当然是否定的。有句话说，虽不能至，心向往之。打一个不太恰当的比喻：一个学生经常迟到，那我们是不是就不要用纪律约束他了呢？当然不是，我们依然要制订纪律，因为大部分人是遵守纪律的，尽管还有少数人或者个别人迟到，但相信通过老师的教导和榜样的力量，他们一定会努力地接近或者成为一个守纪的人。话说回来，修身尽管很难，有了老师的讲解，有了生活中榜样的引导，再加上自己的内化自省，我们或许就能遇见更好的自己。

如何把修身之道内化呢？我个人认为，除了理解老师的讲解之外，还应该触类旁通，举一反三，这样才能加深对经典文化和圣贤智慧的理解。只有更深刻、更全面地"知"，才能得心应手地"行"。《论语》里说："举一隅不以三隅反，则不复也。"朱熹也曾言："夫告往知来，举一反三，闻一知十者皆适。"看来，在学习上，举一反三是不可或缺的能力，更是内化自省的法宝！

下面我就本章里的"人之其所亲爱而辟焉"和"之其所敖惰而辟焉"两个方面，在老师讲解的基础上，进一步内化自省，把自己所知道的对应的例子写出来，谈点粗浅的认识，算是举一反三，内化自省吧。

欲不可纵

"人之其所亲爱而辟焉。"当人自己有所偏爱的时候，心就不会处在正位上，这种爱很容易过火。最近读莫言的《檀香刑》，里面讲了知县钱丁和狗肉西施孙眉娘之间一段惊心动魄的爱情，让人沉思。钱丁仪表不凡，谈吐高雅，是个堂堂的大清官员。孙眉娘是戏子之女、杀猪匠之妻，一介凡夫俗子。二人门不当户不对，不仅地位悬殊，年龄相差也很大，钱丁几乎可以给孙眉娘当爹了。可是，这样的两个人却相爱了，且爱得死去活来。

曾看过一段话，大致是说，一个人与一个人的相遇需要天、时、地、人等因素的叠加，缺一不可，而且不早不晚，不偏不倚，不紧不慢。那天，知县钱丁下乡抓赌返回途中，走在青石板小路上。因是暮春季节，天下着蒙蒙细雨，钱老爷顿觉一丝寒意袭来，想喝酒取暖。这时，街道两旁很多酒店都打烊了，只有孙眉娘家的店恰好开着。就在钱丁打算进去的时候，孙眉娘正拿一个黑乎乎的东西打一只馋猫，恰好打在钱丁的轿子上，真是不打不相识。孙眉娘得知对方是县老爷后，连连道歉，钱丁并无怪罪之意，走进店内，要了黄酒和狗肉，享受美味的同时，也被孙眉娘的柔情和妩媚打动。从此，孙眉娘的形象深深地刻在他的脑海里。孙眉娘也被县老爷独特的气质吸引着，这大概就是传说中的一见钟情。因为这一见，孙眉娘朝思暮想，辗转难眠，坐卧不安，心神不宁，心心念念着钱丁，完全忘了自己是有夫之妇。为了与钱丁相见，她冒着危险，在一个月黑风高的夜晚，爬上衙门的高墙，翻进院内，结果中了钱丁夫人的暗算，浑身沾满狗屎，还遭到羞辱。当得知钱丁生病时，孙眉娘跪遍所有的庙宇，求神拜佛，只为钱丁能够早日康复。在父亲孙丙和钱丁的斗须大赛中，孙眉娘的意见起到一锤定音、一决高下的关键作用时，她出乎众人意料地偏向了钱丁。后来钱丁下令对孙眉娘父亲孙丙施行最残酷的檀香刑时，孙眉娘对钱丁有过痛恨，可她总是恨不起来，恨得不够彻底，因为她深爱着钱丁。这段感情的欲火，烧得孙眉娘失去了理智。她爱得放纵，爱得卑贱，甚至爱得忘了自己。这段魂不守舍的感情，更让她不把丈夫赵小甲放在眼里，家庭生活毫无幸福可言。所以，这样有所偏爱、心思不正的人，何以让自己的家其乐融融呢？

北野武曾说，人这种东西啊，不管外表修饰得多么光鲜亮丽，剥掉一层皮后就只剩下了一堆欲望。凡事种种，皆是欲望使然，没有什么比欲望更像生活的了。但欲望就像弹簧，催人上进的是欲望，让人生活失控的，也是欲望。稻盛和夫说过，欲望本身不是罪恶，凭借欲望无节制的为所欲为才是罪恶。人到中年，生活总是鲜花与泥沙俱下，诱惑也是和陷阱并存，危机和考验无处不在。只有控制住偏执的欲望，生活才能避开不必要的痛楚与懊悔。

傲不可长

"人之其所敖惰而辟焉"，"敖惰"就是骄傲之心。一个人特别骄傲的时候，就容易愚蠢，人愚蠢的时候，就会招致祸患。古人有言："满招损，谦受益。"

项羽出身贵族，能力了得，但却刚愎自用，居功自傲，最终落得个自刎于乌江的下场，可悲可叹。骄傲自负，最终一定会悔不当初。网上有一句广为流传的话：骄傲自满是我们的一个可怕的陷阱，而且，这个陷阱是我们自己亲手挖掘的。

北宋著名婉约派代表词人柳永，年轻时曾三次参加科举，踌躇满志的他三次落榜，这个出身于官宦世家，从小研习诗词的少年因善于写艳词，一句"忍把浮名，换了浅斟低唱"而被当朝皇帝以"属辞浮靡"为由罢去他科举的资格，并赐予他"奉旨填词"！这个恃才傲物的叛逆青年愤然离开市井的繁华，从此怀揣着对科举的丝丝向往，开始羁旅行役的艰苦生活！骄傲自满，往往阻碍我们对凶险的洞察，最终促使我们走向不能自拔的深渊。保持谦卑，学会谦逊，学人长处。才能拥有更多成功的机会，才能成就更好的自己。正如徐悲鸿所说："人不可有傲气！"

无论是学习、工作，还是生活，处处都是道场，处处都潜藏着修身立德的契机。我们要擦亮自己的双眼，拂去心灵的尘埃，做个明明白白、清清楚楚的人。

最后说说"齐家"。有的人，日子过得井井有条，风生水起；而有一些人，终其一生，过不好自己的日子，治不好自己的家。为什么呢？如果仔细观察，这样的家庭里要么有个败家妻子，要么有个懒惰丈夫。中国传统的家庭是男主外女主内，男人是家里的顶梁柱，男人若好吃懒做，不挣钱，一个家就摇摇欲坠了。这在农村表现得尤为突出，有句俗语说："外面有个耙耙，里面有个匣匣。"也就是男人负责挣钱，女人负责管钱，只有夫妻同心，其利才能断金。在农村，也有很多女人好逸恶劳，只图享受。男人在外面累死累活挣钱，女人却花钱如流水。有个熟人，家庭负债累累，男人挣了钱，女人不还债，先给自己买漂亮的衣服、漂亮的鞋子，再买些美食大吃大喝。这样的女人，能把日子过好吗？过日子，不要过分铺张浪费，也不要过度节衣缩食，中国自古讲究中庸之道。过日子，应该做到有多大的脚穿多大的鞋，适可而止，量力而行。治家是需要学问的，更是需要智慧的。

总之，这一章里的亲爱、贱恶、畏敬、哀矜、敖惰，是人人本来都有的弱点，如果不加以审查、不加以改正，就会陷于偏颇。一偏颇，心就不正了，心不正就身不修，身不修就无以齐家。儒家讲这些，是告诉我们要学会控制，时时警醒，时时观照，把握分寸。欲不可纵，傲不可长。

未经凝视的世界是毫无意义的。希望通过不断的学习，我们能做生活中的有心人，学会凝视，学会思考，学会观照，学会与内心和生命勾连，做更好的自己。

第九章　释"齐家、治国"

所谓治国必先齐其家者,其家不可教,而能教人者,无之。故君子不出家而成教于国:孝者,所以事君也;弟^①者,所以事长也;慈者,所以使众也。

《康诰》曰:"如保赤子^②。"心诚求之,虽不中,不远矣。未有学养子而后嫁者也。

【注释】

①弟(tì):同"悌",指弟对兄所应有的尊敬态度。

②如保赤子:《尚书·周书·康诰》篇作"若保赤子",是周武王告诫康叔的话,意思是说保护平民要像母亲保护初生的婴儿一样。赤子,初生的婴儿。

【白话解读】

这一章在阐明八目中"齐家"与"治国"的关系。领导者只有把自己的家族治理得兴旺发达,才能将治理家族的能力用到治国上,把国家治好。对于我们现代社会的几口之家而言，同样如此。你连你家里几口人之间的关系都处理不好，在单位里怎么能处理好和同事、领导的关系？一个单位的领导，不能管理好你的单位、发展好你的企业，你怎么能够去管理更大的单位与企业？把自己的身修好了，才可以齐家；把家治好了，才可以去治国。

所谓治国必先齐其家者，其家不可教，而能教人者，无之。

所说的要治理好国家必须首先整治好自己的家族，这是因为如果连自己家族中的人都不能教育好，反而能教育好别人，那是没可能的事。

《大学》是大人之学，是给领导者讲的。古代的家族人口众多，领导者的家族更大。皇帝有三宫六院，皇后、皇妃若干，皇子、皇孙众多，皇亲国戚无数。朝廷大臣、地方官员、名门望族，皆是大家族。族内人际关系复杂，利益方方面面，多种情感交错，如果都能打理得顺顺当当、井然有序，这种治家的本事就能用来治国。

《红楼梦》中，贾史王薛四大家族，互相往来，关系错综复杂。贾府中秦可卿死了以后，宁国府乱成了一锅粥，王熙凤协理宁国府。她杀伐果断，大有巾帼不让须眉的气象，都说她有治国之才。可是为什么贾府还是败亡了呢？因为她既不是贾府的绝对领导者，她自己的德行也不足以服众而独撑将倾之大厦。贾府的真正领导者是贾赦、贾政、贾敬这帮爷们儿。贾敬一心想成仙，想长生不老，根本不管府内那帮不成器的儿孙，于是贾珍就只管带领贾府的儿郎们斗鸡走狗、寻花问柳。贾赦不仅好色，且心狠手辣，家里妻妾成群，年过花甲还将色眼瞅准母亲的丫鬟鸳鸯，不花一文钱抢夺石呆子的古扇。贾政是个伪君子，满口的仁义道德、宽柔待下，实际上对人严苛，动不动骂人"畜生"，外甥打死人了，公然徇私枉法。封建社会是男权社会，贾府有这样几个男人，家族不败才怪。让贾府的这几个男人去治国，别说去中央朝廷，就是去地方为官一任，想让他们造福一方，只怕也是天方夜谭吧。

故君子不出家而成教于国：孝者，所以事君也；弟者，所以事长也；慈者，所以使众也。

所以，君子只要把品德修养好了，家族也整治好了，即使不出家门，也可以向全国人民成功地推行教化。因为在家族中讲求对父母应尽的孝道，在政治上就可以相应地用来侍奉国君；在家族中讲求对兄长应尽的悌道，在政治上就可以相应地用来侍奉尊长；在家族中讲求对子女应有的慈爱，在政治上就可以相应地用来感化民众。

为什么君子不出家门就有治国的才能？君子在治家的过程中到底培养了哪些方面的才能？传文解释，君子在治家的过程中能处理好与长辈的关系、与兄长的关系、与子女的关系。

孝，指在家族里要处理好和长辈的关系。我们在家里能做到孝顺自己的父母、叔伯等长辈，出门就可能做到敬爱领导与长者，即"老吾老，以及人之老"。这是在家里就能培养的如何处理好与上级领导关系的能力。在家经常跟父母对着干，给父母甩脸色，父母能包容你、原谅你；到单位跟领导对着干，向领导甩脸色，想想会是什么后果。领导有领导的职责，你有你的职责。领导是决策者，只要他的决策是正确的，作为下属无条件地执行就行了。如果你有本事，你就好好修身，修到领导的职位去做决策者，否则没什么抱怨的，没什么不满的。凡事求诸己，别总求诸人。常问自己做得好不好，做得好，请继续加油，做得不好，改正自己再往好里做。长此以往，你就会做得越来越好，你自己也会变得越来越好。总是不满，总是抱怨，会失去很多善缘、很多机会，只能让自己越来越边缘化，最终被社会和时间淘汰。大家可以回忆，观察你身边的人，但凡事事抱怨的人，有几个发展得好的？凡是那些实干、愿意吃亏的人，在默默无闻中成长了自己，也利益了别人。

弟，在文中是"悌"的通假字，指在家族里要尊敬兄长，处理好与平辈之间的关系。发展到社会上，就是能够处理好与同事、朋友、同学之间的关系。为什么现在的年轻人与同学、同事之间常常有纠纷，就是因为他们太以自我为中心了。20世纪七八十年代以后的家庭大多是独生子女家庭，人口本来就少，独生子女又没有兄弟姐妹一起摸爬滚打，再加上爷爷奶奶、父母亲戚的溺爱，这些独根独苗根本没有与同辈相处的机会。特别是城镇里的孩子，被圈养在家，与外界隔绝，与大自然隔绝，没有伙伴在一起打闹，父母忙于上班，又缺少与父母的深入沟通，这些孩子内心封闭，不能接纳同伴，不能与同学、同事进行有效的沟通。他们从小都只是在被爱，没有学着去爱人，而真正成熟的人，是懂得如何去爱的。所以，有许多孩子离开父母去学校住宿后，不仅不能独立生活，也无法与他人和谐相处。不懂得尊重别人、包容别人、帮助别人，于是人际关系恶劣，内心孤独，越来越多的孩子走向抑郁。在社会生活中，没有人会喜欢这样自私的人。一个连与身边同学、同事的关系都处理不好的人，在事业上能有什么未来！

慈，指在家里能处理好与晚辈之间的关系。作为长辈，对儿孙要有一颗慈爱之心。发展到社会上，就会对别人家的小孩子有仁心厚爱，如孟子说的那样，"幼吾幼，以及人之幼"。如果对自己的孩子，你都做不到慈爱，那就不可能以慈心对待别人家的孩子。在家里能宽厚仁心地对待自己的孩子，那到社会上为官一方，就能如父母对待孩子一样仁慈地对待自己的百姓。像贾赦这种在家专门欺负小丫鬟的大老爷，在社会上为官时，才会欺负老百姓，专门搜刮民脂民膏，一旦百姓不从，便如强盗般把百姓打个半死。我们所说的大慈大悲是能悲悯众生，既能慈心对己，也能慈心对人。因为，无论是自己人，还是他人，统统都是众生。

《康诰》曰："如保赤子。"心诚求之，虽不中，不远矣。

《大学》再引用《康诰》里的话来强调统治者要爱护百姓。周武王告诫康叔说："保护人民要像保护初生的婴儿一样。"只要内心能够真诚地去保护人民，那么即使不完全符合人民的诉求，也不会相差太远了。

作者一再强调，领导者要有慈爱之心，要爱护老百姓。这颗慈爱之心如赤子之心一样，没受污染，中正平和。婴儿在没有给他灌输后天的概念，还不知道老虎、狮子会吃人的思想之前，妈妈亲他的脸和狮子亲他的脸，对他来说都是一样的。他面前的东西，粪便与泥土，他都可以用手去把玩，没有区别心地对待一切。老子说："天地不仁，以万物为刍狗；圣人不仁，以百姓为刍狗。"天地无私，平等博爱地善待众生；圣人也有天地一样的德行，不偏爱任何人，公平公正地对待所有百姓。领导者只要怀着这种为百姓服务的至诚之心去做事，哪怕做得不够完美，甚至有时还会出现偏差，但只要总体方向对、发心对，也不会差到哪里去。虽然不能尽善尽美，只要走在正确的轨道上，总有一天会到达终点。

未有学养子而后嫁者也。

生活中没有见过先学会养育孩子然后才出嫁的女人。出嫁以后才生孩子，却能把孩子养育好，这完全是出于母爱的至真至纯、无上用心。

这句话是在打比方。意思是，领导者治国才能的养成与女子养孩

131

子才能的养成有异曲同工之妙。女子不是先学会养孩子后才嫁人生孩子、养孩子，而是嫁人之后在生孩子、养孩子的过程中学习养孩子。同理，治国的才能是在齐家的过程中，在各种利益交织中、关系处理中历练出来的，而不是先学会治国才能，才去治国。

现在的家与古代的家大小不同。信息化社会，地球变成了地球村，距离已不是问题，家的地址也不如古代那么固定，今天可以搬往南方，改天又可以迁往北方。家里的成员也不一定一年四季都守在家里，有太多的自由职业者南来北往，四处游走。但是，家在中华文化里的重要性永远不可替代。家是最小国，国是最大家，家是细胞，国是整体，国是由千千万万个家这种细胞组成的。一个人在家里处理各辈人之间关系的能力，对他处理外部事务的能力是历练、是基础。

因此，家就是我们修身的起点。好的开端是成功的一半，在家里也"如保赤子"，对上真挚地做到孝，对中真诚地做到悌，对下由衷地做到慈，有一颗真正公道的心，让家庭和睦、兴旺，出来做事，必然圆融无碍。

一家仁，一国兴仁；一家让^①，一国兴让；一人贪戾^②，一国作乱。其机^③如此。此谓一言偾事^④，一人定国。

　　尧、舜帅天下以仁^⑤，而民从之；桀、纣帅天下以暴^⑥，而民从之；其所令反其所好，而民不从。是故君子有诸己而后求诸^⑦人，无诸己而后非诸人。所藏乎身不恕^⑧，而能喻^⑨诸人者，未之有也。故治国在齐其家。

【注释】

①让：谦逊。

②戾（lì）：专横暴虐。

③机：弓弩上的发射机关，这里引申为"关键"。

④偾（fèn）事：败坏事业。偾，败坏。

⑤尧：唐尧。舜：虞舜。唐尧和虞舜是传说中原始社会后期的部落联盟的两位领袖，均为远古"五帝"之一，是儒家最为推崇的两位圣君。帅：率领，统率。

⑥桀（jié）：夏代最后一位君主。纣（zhòu）：商代最后一位君主。历来均被认为是亡国的暴君。

⑦诸："之于"二字的合音。

⑧恕：恕道，是儒家的道德哲学范畴，意为自己不愿意别人做的，也不去对别人做，儒家把这种推己及人的品德称为"恕"。

⑨喻：明白，这里是使明白的意思。

【白话解读】

一家仁，一国兴仁；一家让，一国兴让。

作为国君，就是一国的榜样。他只要在自己家中推行仁爱之道，那么一国的臣民也会兴起仁爱的风气；他只要在自己家中推行谦恭礼让之道，那么一国的臣民也会兴起谦恭礼让的风气。

国家的领导者、企业的领导者、单位的领导者，都是社会中的领军人物。他们的言行举止引领着社会风气。

一个企业、一个单位里，领导干部是社会风气的风向标。队伍强不强，得看"领头羊"。曹德旺为什么能把福耀玻璃集团做到中国第一、世界第二，绝不是偶然的机遇，而是凭借他自身过硬的素质。1975年冬天，他和几个同事一起去明溪县送树苗，听说有地震，那几个同事收拾行李纷纷逃跑，只有他一个人留下来看守树苗，这是他的责任与担当。当他回来要求农场领导处理那几个同事，领导敷衍他时，他认为这样的企业不会长久，便毅然离开了农场，这是他的公心与格局。当他看到水表玻璃行业大有可为时，说干就干，这是他的智慧与果敢。正因为他勇于担责、果敢英明、公正无私，才能引领着福耀玻璃集团走向世界。他挣钱并不多，可是慈善做得实。他铁肩担道义，努力打拼，挣钱不忘回馈社会。从他的自传《心如菩提》中，我们可看到他的大智慧、大格局，看到他的善心、恒心、雄心、爱国心。一个这样的人才能把企业做强做大、利国利民，这样的良心企业才是企业领域的典范。

一人贪戾，一国作乱。其机如此。此谓一言偾事，一人定国。

和上一句话相对应，这一句在说明相反的情况。假如国君一个人贪婪暴戾，那么一国的民众都会起来犯上作乱。事物的关键就是这样。这就叫作国君的一句话说错了，便可能败坏事情，国君一个人向善，整个国家就会安定。

一说起暴君，总绕不开纣王。他兴建酒池肉林，使用炮烙之刑，挖比干之心，剖孕妇之肚，折老人之胫，让姬昌吃儿子的肉，丧尽天良，灭绝人性。最终结果呢？当武王讨伐纣王时，纣王的军队倒戈相向，以至走投无路，自焚而死。自作孽不可活，老天有眼，他法网难逃。

国家领导者要以身作则，单位的领导者同样要以身作则。包括我们做老师的、做家长的，都应做好孩子的表率。俗话说得好："上梁不正下梁歪。"我们想让孩子成为怎样的人，不是口头上说让他们成为这样的人，他们就能成为这样的人，而是我们努力去做这样的人，他们才会效仿着去做这样的人。自古以来，上行下效。著名教育家第斯多惠曾说，只有当你不断地致力于自我教育的时候，你才能教育别人。孔子也说："欲教子，先正其身。"可见，无论是国家的领导者、单位的管理者，还是教育者，都应该率先垂范，以身作则。

有时候，领导者的一句话可以坏事，也可以成事。身在其位，当切记切记。

尧、舜帅天下以仁，而民从之；桀、纣帅天下以暴，而民从之。

尧舜用仁爱之道来统率天下，天下的民众都跟着效法他们；桀纣用暴虐之政来统率天下，天下的民众也都跟着效法他们。这印证了孔子的话："君子之德风，小人之德草，草上之风必偃。"领导者的道德品质就好比风，平民百姓的道德品质就好比草，当风吹到草上面的时候，草就会跟着风的方向倾倒。

别说国家领导者，就是一个地方德高望重的平民百姓都可以引领社会风气。笔者的家乡有一个姓邓的中学教师，他有四个孩子，他勤俭节约，靠着个人的工资供养四个孩子上了大学。只要笔者的村里有人考上大学而没钱上学，他就千方百计地帮人家贷款、借钱，资助孩子上大学。他一贯主张，只要是好好上学的孩子，砸锅卖铁我都要帮他筹到钱。他本人孝敬父母，仗义疏财，四个儿女个个都有出息，他们家就是村里人人向往的、尊敬的对象。于是，村里的人无论多么贫困，都要送孩子上大学，都想成为他们那样的人。像邓老师那样的人，他的德行就如草上之风，引领了当地百姓生活的方向。

其所令反其所好，而民不从。

如果国君下达了命令，而自己的所作所为都与命令相反，人民是不会听从这样的命令的。

领导者说的话和做的事不一样，下面的老百姓就不会听领导者的话。任正非对自己的员工说，任何一个伟大的领导都会犯错，不怕犯错，怕的是不能正视自己的错误。不仅要接受别人的批评，还要自我发现、自我反省。有一次，他自己决策失误了，就勇于承担了100万元的罚金。华为企业为什么发展得这么好，就是核心领导者以上率下，所有人就会养成一种务实求是之风，有错就改，改了就走上正轨，企业越显生机勃勃。

领导者勤俭节约，员工就不会奢靡浪费；领导者兢兢业业，员工就不会消极怠工；领导者真诚坦荡，下属就不会投机取巧。领导者想要员工怎么做，自己就要以身作则，率先垂范。只有自己真正做到了，才有资格、有底气教导别人。我们改变不了别人，但可以通过自己的改变来影响别人，让别人自发地去改变自己。

是故君子有诸己而后求诸人，无诸己而后非诸人。

因此，道德高尚的君子，首先要自己有了美德，然后才能要求别人修养美德；首先自己没有沾染恶习，然后才能去责备别人接近恶习。

比如教育事业的管理者，如果自己都不敬业，怎么能要求老师们敬业。管教学的人，如果自己不钻研教学，不备课，不写教案，去上课的时候只拿个水杯，天马行空、散乱无章地一通讲，你还有什么资格要求老师认真备课写教案？要求别人做到，自己首先要做到。

比如普通的老师，如果你要求学生认真勤奋、诚实守信，你自己却不好好备课钻研，结果上课把题讲错了；或者学生问个问题，你不会解答还不懂装懂，给学生这解释那解释，只为了掩饰自己的无知，又有什么资格要求学生呢？对于讲错了的问题，或者被问而不会回答的问题，如果是因为备课不认真，那是失职。如果不是因为自己没有认真备课而是遇到了突发性问题，这很正常，但是，最起码要能在学生面前坦白地承认："这个知识点，我还不会，待我课后去学习查阅再来和你一起商讨。"这才是应有的诚实。最可怕的是，教师自己昏昏，还想使人昭昭，那不是在做梦吗？欲人之昭昭，必先己之昭昭。

比如语文老师，如果你强调学生要多读书、多写作，可是你自己不读书、不练笔，那么学生能做到吗？就如有人说的那样，一群不读书的教师拼命地教学生读书。笔者每每对照自己，觉得很是汗颜，于是发狠多读点书，以便笔者在指导学生读书的时候能告诉他们，读什么书、怎样读书，指导学生写作的时候不仅仅能指出学生的问题，还能给他们指明解决问题的办法。否则，就只能在学生的作文本上批"思路不清晰，立意不高远"，仅此而已，至于怎样才算思路清晰，怎样才叫立意高远，自己也不知道，就由学生想去吧。

比如家长，如果你要求孩子诚实，自己却当着孩子的面撒谎；你反对孩子玩手机，自己却天天抱着手机不肯撒手；你要孩子心胸开阔，自己与人打交道的时候却小肚鸡肠。在这种情况下，我们要求的，孩子真的都能做到吗？所以，一切从自己开始。企图用语言改变别人，只是犯傻，真正用行动影响别人，才有力量。

所藏乎身不恕，而能喻诸人者，未之有也。

如果自己隐藏着不符合恕道的念头，却能晓谕别人实行恕道，那是从来未曾有过的事。

"恕"字，上面一个"如"，下面一个"心"，就是让我们要将心比心，要有同理心。孔子对"恕"的解释是"己所不欲，勿施于人""己欲立而立人，己欲达而达人"。你不能替别人着想，别人凭什么替你着想。能站在别人的角度去思考别人身上发生的事情，是做人最起码的善良。

公婆能理解儿媳离开亲爸亲妈嫁来自己家的不易，珍惜儿媳为家里带来的幸福，就不会对儿媳有太多的苛责。儿媳能理解公婆养育丈夫的艰辛与厚恩，就不会因为公婆对丈夫的偏爱而抱怨。丈夫能理解妻子在家里对琐碎事务的操劳，就不会因为自己比妻子挣钱多而趾高气扬。妻子能体谅丈夫为事业奔波的忙碌，就不会因为他少做家务而唠叨。父母能理解孩子上学竞争的压力，就不会因为孩子的成绩下滑而喋喋不休。孩子能明白父母望子成龙、望女成凤的心意，便不会因父母的唠叨而顶撞。都有一颗"恕"道之心，则人人关爱、人人自在。反之，矛盾重重，骚乱纷纷。

《诗》[①]云："桃之夭夭，其叶蓁蓁[②]。之子于归，宜其家人[③]。"宜其家人，而后可以教国人。

《诗》[④]云："宜兄宜弟。"宜兄宜弟，而后可以教国人。

《诗》[⑤]云："其仪不忒[⑥]，正是四国。"其为父子兄弟足法，而后民法之也。

此谓治国在齐其家。

【注释】

①《诗》：以下的诗引自《诗经·周南·桃夭》篇。

②"桃之夭夭（yāo）"两句：夭夭，鲜嫩，艳丽。这里形容鲜艳的桃花。蓁蓁（zhēn），树叶茂盛的样子。

③"之子于归"两句：之，代词，这个。子，这里指女子。归，出嫁。宜，和睦，这里是使和睦的意思。

④《诗》：以下的诗引自《诗经·小雅·蓼（lù）萧》篇。

⑤《诗》：以下的诗引自《诗经·曹风·鸤鸠（shī jiū）》篇。

⑥仪：仪表，威仪。这里兼指言行举止。忒（tè）：差错。

【白话解读】

《诗》云："桃之夭夭，其叶蓁蓁。之子于归，宜其家人。"宜其家人，而后可以教国人。

《诗经》里说："桃树长得多么娇嫩、美好，它的叶子多么茂盛。这个女子在桃花盛开的季节出嫁了，一定会与全家人和睦相处。"自己家族的人都和睦相处了，然后才可以教化全国的人民。

前一句"桃之夭夭，其叶蓁蓁"，是《诗经》常用的比兴手法。先言他物以引起后文所咏之辞，意为春天来临，万物勃发，桃花盛开，在这样的季节里，如桃花一样的女子走入了婚姻的殿堂。桃花盛开之后，便要结出繁硕的果实。女子出嫁将要生儿育女，这么美好的女子，一定会让家庭和睦、兴旺发达，从而成为教化众人的典范。

《大学》的作者在这个女子身上寄予了美好的希望，其实，也是对所有女性的期望。女性在人类社会历史进程中发挥了不可估量的作用。有人说，中国社会是个重男轻女的社会，那是在中国文化传承中人们对文化的误解而形成的毒瘤，以至于在封建社会晚期女性才是被歧视的对象。对于这些糟粕内容的解读，我们当剔除之。其实在人类的发展、国家的发展中，女性真正可以顶半边天。

孔子三岁丧父，没有母亲颜氏含辛茹苦的抚养，没有她坚韧精神的影响，怎么会有我们的千古圣人、万世师表？孔子教化了一代代的中华儿女，怎能没有其母亲的功劳？孟母三迁，成就亚圣，谁人不知，谁人不晓？岳飞为什么能精忠报国，难道与其母忍痛在他背上刺字无关？不是说父亲不重要，而是说，一个伟大的母亲，不仅会影响一个孩子的未来，还很有可能会影响一个国家的未来。

所以，所有的女性朋友们，我们切不可自轻自贱。我们可以长得不漂亮，但我们一定要活得漂亮，活出我们的善良，活出我们的庄严，活出我们的神韵，活出我们的精彩。我们的地位可以低下，但是，我们的精神要高贵，我们的梦想要高远。母亲在孩子生命中的作用无可替代。小时候听别人说"宁愿死个当官的爹，千万别死要饭的娘"，我还不明何意，如今才真正懂得母亲对于孩子的意义。都说母爱如水，因为水是上善。

多少有德行的母亲养育了一代代优秀的中华儿女。倘若我们养育的孩子是未来社会的建设者，就算我们一事无成，我们也为社会做了贡献。倘若我们养育的孩子在未来成为社会的寄生虫，或者社会的破坏者，作为母亲，我们心里会有何感想！

因此，已育的女性朋友们，我们的第一职责是母亲，然后才是其他角色。在干好分内工作的同时，回归家庭，做好子女的榜样，才是我们最重要的职责。

第九章　释"齐家、治国"

《诗》云："宜兄宜弟。"宜兄宜弟，而后可以教国人。

《诗经》说："敬重家长，爱护幼弟。"只有家族内部的兄弟之间和睦团结了，然后才可以教化全国的人民。

皇室家族里，多少兄弟为争夺皇位而生死博弈。轻者互相反目，老死不相往来，重者兵戎相见，鱼死网破。秦二世胡亥为了争位，和赵高、李斯一起伪造诏书，把正和蒙恬将军一起驻守边境的太子扶苏赐死，又在咸阳将十二个兄弟处死，对兄弟都如此残暴，对老百姓怎会心慈手软，所以二世在位仅仅三年就被迫自杀。历史上著名的"八王之乱""九子夺嫡"，不都是争夺王位惹下的祸患吗？

魏文帝曹丕曾与曹植争夺王位。文帝继位后，让曹植七步成诗，曹植作诗道："煮豆持作羹，漉菽以为汁。萁在釜下燃，豆在釜中泣。本自同根生，相煎何太急。"同胞兄弟尚不相容，能容谁人？孤竹国君有两个儿子，分别是兄长伯夷和弟弟叔齐。本来当立长子伯夷为继承人，但国君喜欢小儿子叔齐，便立叔齐为未来的继承人。孤竹国君死后，叔齐不肯就国君之位，希望自己的哥哥即位，但哥哥伯夷说这是父命，于是选择逃走，叔齐觉得自己做君主有失大义，于是也跟着哥哥逃走了。伯夷、叔齐放下人人欲而争夺的王位，此谓重情重义，他们成了道义的化身。孔子推崇他们为"古代贤人""求仁得仁"，司马迁专门为他们两人写了传记，韩愈把他们的德行比作泰山。他们的义行、德行就是对世人最好的教化。

时间在流逝，时代在变化，许多现实就是历史的翻版，变的只是生活的方式，人们的心从来未变。现代社会，兄弟姐妹之间，争权、争财的有之，互相帮助、互相成全的也有之。我们当见贤思齐，见不贤而自省。与自己的兄弟姐妹一起生活，能不计得失、互相包容，到社会上，也能与别人友好相处。与众方便就是与己方便，朋友多，道路多，我们的人生才会顺畅通达。

《诗》云："其仪不忒，正是四国。"其为父子兄弟足法，而后民法之也。

《诗经》说："他的言行举止没有什么差错，可以作为四方各国的表率。"作为国君，当他无论处于父亲、儿子、兄长、弟弟的位置时，都能符合与之相应的道德规范，从而成为整个家族效法的榜样，然后人民才会效法他。

领导者言行一致，诚恳正直，才能在社会上树立公道、正派的榜样。为什么提倡大公司的员工、机关单位的公务员、学校的教师都着正装，正装只是形式，真正的用意是要他们保持一颗公正的心，为人民办实事。医院里的医生穿白大褂，意味着这身白衣服里包裹着的是一颗天使一样的心。

领导者在家里要扮演好不同的角色，做子女做到该有的孝，做父母做到该有的慈，做兄弟姐妹做到兄弟姐妹该有的尊敬，在单位里尽到领导者该尽的责任。人同此心，心同此理，和你相处的家人、同事都会效仿你，也尽到家人、下属应尽的责任。如此一来，家族兴旺，单位兴旺，国家兴旺。

此谓治国在齐其家。

以上这些都说明了要治理好国家，首先要整治好自己家族的道理。

《大学》对上文进行总结，再次强调治理好家庭对于治理好国家的重要性。让我们明白，治家的才能就是在为治国的才能做准备，或者说，要想把国家治理得好，得先在家里历练出治家的本领。过去的君王如此，现在的领导者如此，我们个人同样如此，一屋不扫何以扫天下！连一个几口之家都打理不好，还想到社会上打理更大的家？所以，想要做成更大的事，先从身边的小事做起，从修身齐家做起。

【学员心得】

"齐家、治国"中榜样的力量

◎ 洪 莉

今天学习了《大学》的内容,核心思想是"治国",而治国的才能又是在"齐家"中历练和提升的。因为这一章主要谈"治国",总觉得是一个高大上的政治话题,跟自己有着遥远的距离,似乎只是讲给那些有着远大志向、有着宏伟抱负、有着治国之才的领导者听的。反观自己,只是芸芸众生中的平凡女子,无欲无求。所以这一章的内容跟自己没有什么关系,即便听了也写不出什么心得来,那就不听了吧。看,我的惰性思想总是潜藏在内心深处,关键时刻就会冒出来,打退堂鼓。

看着老师用心地把一段段解读原文的语音发进微信群里,出于好奇我还是打开听了。这一听便一发不可收拾,不仅全部听完,还认真地写了笔记,满满当当共8页。原来,这一章并不是我这个井底之蛙所想象的那么高不可攀。老师通过旁征博引的讲解,化深奥为浅显,化抽象为具体,让我明白即便是治国思想,依然跟我们每个人的工作或生活,跟我们的为人处世,跟我们的家庭,跟我们自身的修为息息相关。家是最小国,国是千万家。我们每个普通的个体都是家庭中的一员,也是国家这个大集体中的一分子,我们也有着自己的地位和作用,尽管十分渺小和微弱。治国虽然不是我们能做的事,但我们也可以尽绵薄之力,添砖加瓦。

听老师讲解时,脑海里总是浮现出"榜样的力量"五个字。"一家仁,一国兴仁;一家让,一国兴让;一人贪戾,一国作乱。"就是说一个家庭仁爱了,一个国家就会兴起仁爱。相反,一个人贪戾了,一个国家就会混乱。也就是一个家庭或一个国家的领导者以上率下,所有人都会形成一种风气,无论是好的还是坏的。后文的"尧、舜帅天下以仁,而民从之;桀、纣帅天下以暴,而民从之",也是说榜样的引领作用,跟"近朱者赤,近墨者黑"有着异曲同工之妙。

我们都知道"吴王好剑客,百姓多创瘢(音bān,疤痕的意思);楚王好细腰,宫中多饿死"的历史典故。是说吴王喜爱精通剑术的侠客,为此老百姓身上伤痕累累;楚灵王喜欢腰身纤细的人,所以宫中的臣子为保持腰身不敢多吃,每天只吃一顿饭,饿得站不起来。坐在席子上的人想要站起来必须扶着墙。每个人都想吃美味的食物,但都忍住不吃,哪怕活活饿死。这就是一国之君作为榜样的力量。

相反,齐桓公曾喜欢穿紫色的衣服,于是整个都城的人都争相穿紫衣。齐桓公对此非常担心,他对管仲说:"我喜欢穿紫色的衣服,但紫色布料很贵,现在整个都城的人都喜欢穿紫色的衣服,我该怎么办?"管仲说:"如果你想阻止这种情况,为什么不试着不穿紫色的衣服呢?你可以对身边的人说:'我很讨厌紫衣的味道。'如果你身边有一些穿着紫衣来看你的大臣,你应说:'退后一点,我讨厌紫衣的味道。'"齐桓公说:"好的。"从这一天起,再也没有卫兵穿紫衣了;第二天,都城也没有人穿紫色衣服了;第三天,连边境上也没有人穿紫色的衣服了。真可谓上有所好,下争相仿。这些事例都很好地证明了老师所讲的"君子之德风,小人之德草,草上之风必偃"的道理。即在位的君子的品德如风，臣民的品德如草，当风吹到草上的时候，草是一定会跟着倒的。所以作为一国之君，要有好的修为，要有慈爱之心、悲悯之心、端正之心，以身作则，率先垂范，才能利国利民。

一国之君的言行举止是天下百姓的榜样，同样，一个家庭的良好家风在社会上也会起到表率作用。《郦波评说曾国藩家训》中说，曾国藩一生崇尚节俭。李鸿章曾以淮军首领和曾国藩弟子的身份请曾家女眷吃饭，当时曾国藩还有两个女儿没有出嫁，姊妹二人只有一条绸缎做的裤子，两人相争，以至于哭泣。曾国藩得知后，安慰小女说："明年若续任总督，必为添制绸裤一条。"我们可能会好奇，一个堂堂的总督，何至于要连任总督才给女儿做条绸缎裤子呢？别说对女儿了，就是对自己，他也不轻易做新衣。曾国藩不仅自己崇尚节俭，也要求家人在生活上勤俭持家。这种"穷"道，让他立志做个清正廉洁的好官，他一生非常自律，没有留下任何贪污的劣迹。这种勤俭节约的良好家风对每个家庭都起到垂范作用。一个人的修为达到了至高境界，不仅可以把家治好，在官场上也能如鱼得水。

有什么样的家风，就有什么样的家庭，上梁不正下梁歪。"积善之家，必有余庆；积不善之家，必有余殃。"作为社会的基本细胞，家庭是一个人安身立命之所，良好的家风才可以造福子孙后代。而良好的家风是一代代人以榜样的力量传承发扬的。

大到国家，小到家庭乃至个人，榜样的力量无处不在。都说父母是孩子的第一任老师，一定会对孩子起到榜样的作用。我家小孩有天突然口出脏话，我好奇地问他跟谁学的，他说跟小伙伴学的。我又纳闷，小小的孩子怎么会说这些脏话，且脱口而出，说得很溜。直到有一天，我跟那个孩子的爸爸一起陪孩子玩，发现当孩子不听话的时候，他就爆粗口。我顿时明白了，每个会骂人的孩子背后，一定有一个爱骂人的父亲或母亲，那种榜样的影响，孩子完全可以复制。所以，为人父母者，要外树形象、内修品质，优良的示范作用是最好的说服。

生活中，每个人都是我们的一面镜子，时不时地让我们照见自己，扬长避短，提升修养，做好分内之事。不是每个人都有治国之才，毕竟偌大一个国家，总统或主席只会有一个。我们要做的是，以品行端正、德行高尚者为榜样，不断学习，内化自省。做个好儿女，孝敬父母；做个好母亲，充满慈爱；做个好妻子，善解人意；做个好员工，爱岗敬业。我们不为非作歹，不给社会添乱，这也算是为国家的发展做了贡献。

第十章　释"治国、平天下"

这一章重点阐述了治国平天下的施政原则：一要以身作则，讲求絜矩之道；二要为政以德，赢得民心；三要举贤任能，正确用人；四要生财有道，以义为利。全文分四个部分，每个部分阐明一个原则。现分层解读如下。

一、絜矩之道

所谓平天下在治其国者：上老老[①]，而民兴孝；上长长[②]，而民兴弟[③]；上恤孤[④]，而民不倍[⑤]。是以君子有絜矩之道[⑥]也。

所恶[⑦]于上，毋以使下；所恶于下，毋以事上；所恶于前，毋以先后；所恶于后，毋以从前；所恶于右，毋以交于左；所恶于左，毋以交于右。此之谓絜矩之道。

【注释】

①老老：第一个"老"字用作动词，指对待老人的态度，即尊敬的意思；第二个"老"字是名词，指老人。

②长（zhǎng）长（zhǎng）：第一个"长"字用作动词，指对待兄长或长辈的态度，即尊重的意思；第二个

"长"字是名词，指兄长或长辈。

③弟：同"悌"。

④恤（xù）：体恤，周济。孤：幼年丧父称"孤"。

⑤倍：通"背"，违背。

⑥絜（xié）矩之道：儒家伦理思想中一种处理人际关系的法则，其内容在于以推己度人为标尺，以求得人际关系的协调平衡。絜矩，絜是量度，矩是画方形的工具，引申为法度。

⑦恶（wù）：讨厌，厌恶。本节的几个"恶"字均为此意。

【白话解读】

所谓平天下在治其国者：上老老，而民兴孝；上长长，而民兴弟；上恤孤，而民不倍。是以君子有絜矩之道也。

经文所说的要使天下太平在于首先治理好自己的国家，这是因为：处于上位的人能够尊敬老人，那么民众就会兴起孝敬之风；处于上位的人能够尊重长辈，那么民众就会兴起敬长之风；处于上位的人若能抚恤孤儿，那么民众照样不会违背这一公德。因此，君子要有推己度人以协调平衡人际关系的絜矩之道。

"平天下"就是指我们把自己的国家治理好之后，别的国家也仿效我们把他们的国家治理好。天下所有的国家都治理好了，全人类都和平安康、富庶喜乐。"平天下"代表我们要明明德于天下，让天下人都有光明美好的德行。

要达到这种理想的状态，领导者起到关键作用。领导者崇尚孝道，百姓自然学习孝道；领导者睦邻友好，百姓也会睦邻友好；领导者体恤贫孤，百姓自然善良温和。不只有领导者能引领社会风气，我们每个人都可以影响社会风气。领导者就是一个地域、一个团队的关键人物，我们每个人虽然不是领导者物，但是，我们在自己的领域内也可以是关键人物。比如作为家长，我们在自己家里就是关键人物。比如作为普通的老师，我们在所教授的学生之中就是关键人物，就可以影响我们的学生，倘若我们的学生当了领导者，他又可以去影响他人。比如你是几个友人之中的关键人物，你就可以影响你的朋友，你的朋友又会去影响别人。每个人都可能是关键人物，只是角色不同而已。

所以，我们所有人都要有一种协调平衡人际关系的能力，从自我做起，推己及人。什么叫作"絜矩之道"？"絜"指量圆的标尺，"矩"是量方的工具，"絜矩之道"就是平衡人际关系的手段和准则。

那怎样做到"絜矩之道"呢？

所恶于上，毋以使下；所恶于下，毋以事上。

自己若厌恶处在上位的人对待自己的某种行为，那就不要用同样的行为去对待处于自己下位的人；自己若厌恶处于下位的人对待自己的某种行为，那就不要用同样的行为去对待处在自己上位的人。

所恶于前，毋以先后；所恶于后，毋以从前。

自己若厌恶前辈对待自己的某种行为，那就不要用同样的行为去对待后辈；自己若厌恶后辈对待自己的某种行为，那就不要用同样的行为去对待前辈。

比如笔者上学时，讨厌自己的老师说话尖酸刻薄，伤人自尊，当笔者做了老师之后，就不对自己的学生说话尖酸刻薄。笔者做学生的时候，希望自己的老师平等地对待学习好和学习不好的学生，当笔者做了老师之后，就努力做到不以学习成绩而有区别地对待学生。

还比如笔者小时候，讨厌父母控制自己的思想，待自己做了母亲后，就不过多地干涉孩子的自由。笔者当女儿的时候，希望自己有自主购买衣服的自由，笔者做了母亲后，就让女儿自己打扮自己。

所恶于右，毋以交于左；所恶于左，毋以交于右。

前文是从纵向的角度阐明如何平衡人际关系，这一句是从横向的角度来阐明如何处理人际关系。

自己若厌恶右边的人对待自己的某种行为，那就不要用同样的行为去对待左边的人；自己若厌恶左边的人对待自己的某种行为，那就不要用同样的行为去对待右边的人。

总结起来，就是孔子所说的"己所不欲，勿施于人"。反过来，己所欲，施于人。以自己的情感为尺度来推己及人。自己不想要被轻视，就充分尊重你身边的每个人；自己不想被强迫做某事，就别强迫别人去做某事；自己想要得到别人的认可与赏识，就常认可与赏识别人。生命就是一个回旋镖，我们给出去什么就会回收什么。我们给出爱，得到的就是爱，就是孟子说的"爱人者，人恒爱之；敬人者，人恒敬之"。与人方便，与己方便。

我们自己不想做的事，不对别人做；我们自己想要做的事，也为别人做。我们做的事都是别人喜欢的事，没有别人不喜欢的事，我们的人际关系就越来越好。积累了许多善缘，众人拾柴火焰高，我们自然生活得快乐幸福。

这就是为人处世的法宝——絜矩之道。

二、以德为本

《诗》①云:"乐只②君子,民之父母。"民之所好,好之;民之所恶,恶之。此之谓民之父母。

《诗》③云:"节彼南山,维石岩岩④。赫赫师尹,民具尔瞻⑤。"有国者不可以不慎。辟⑥,则为天下僇⑦矣。

《诗》⑧云:"殷之未丧师,克配上帝⑨。仪监于殷,峻命不易⑩。"道得众则得国,失众则失国。是故君子先慎乎德。

有德此有人,有人此有土,有土此有财,有财此有用。德者,本也;财者,末也。外本内末⑪,争民施夺。是故财聚则民散,财散则民聚。是故言悖⑫而出者,亦悖而入;货悖而入者,亦悖而出。

《康诰》曰:"惟命不于常⑬。"道善则得之,不善则失之矣。

【注释】

①《诗》:以下的诗引自《诗经·小雅·南山有台》篇。

②只:句中语气助词,无意义。

③《诗》:以下的诗引自《诗经·小雅·节南山》篇。

④"节彼南山"两句:节,高大、险峻的样子。维,句首语气词。岩岩,山石矗立高峻的样子。

⑤"赫赫师尹"两句：赫赫，势位显盛的样子。师，太师的简称，太师是周代最高的官职"三公"（太师、太傅、太保）之一。尹，尹氏，太师的姓。具，通"俱"，都，全。尔瞻，看着你。尔，你。瞻，看。

⑥辟：邪僻，这里指偏离儒家的道德规范。

⑦僇（lù）：同"戮"，本义是杀戮，这里引申为推翻。

⑧《诗》：以下的诗引自《诗经·大雅·文王》篇。

⑨"殷之未丧师"两句：殷，商朝从盘庚迁都到殷（今河南安阳）以后，即称为殷或殷商。丧师，丧失众人，引申为失去民心。师，众，民众。克配上帝，能够配得上祭祀上帝，意指接受"天命"做天子。

⑩"仪监于殷"两句：仪监，《诗经》原文作"宜鉴"，宜以……为借鉴。峻命，大命，即"天命"。峻，大。不易，不容易。

⑪外本内末：这句的意思是，将道德这个根本作为表面文章，而将财富这个枝末当作实际利益，意为喧宾夺主，本末倒置。外，表面化的。本，指德。内，实质性的。末，指财。

⑫悖（bèi）：逆，违背，意为违背正理。

⑬惟命不于常：意思是统治者如果不按"明德"行事，上天赋予的统治权就不能长久保留。惟，句首语气词。命，指"天命"。常，始终如一。

【白话解读】

《诗》云:"乐只君子,民之父母。"民之所好,好之;民之所恶,恶之。此之谓民之父母。

《诗经·小雅·南山有台》篇说:"和善快乐的君子,犹如人民的父母。"这是因为,人民所喜欢的,他也喜欢;人民所厌恶的,他也厌恶。这样的君子,就叫作百姓的父母官。

古代为什么把行政官员叫父母官,因为领导者对百姓的生活影响很大。领导者将国家治理得好,则老百姓生活安康,富庶快乐;如若治理得不好,则百姓受苦,颠沛流离。领导者给予百姓的就是家一样的安全感与归属感。

另外一个意思是,领导者对待百姓,就应像对待自己的儿女一样,尽心尽力,无条件地付出与关爱。为什么不把领导叫"叔伯官""长上官",是因为在所有的爱当中,父母对子女的爱是最无私、最纯粹、最恒久的。孩子饿了,父母为他做饭;孩子冷了,父母为他买衣;孩子想到哪里去玩,父母就带他去哪里玩。父母自己舍不得吃,舍不得穿,也要让孩子吃好穿暖;父母辛辛苦苦地赚钱,送孩子上学。父母的一辈子大部分都是为了孩子。所以,百姓如若能遇到一个全心全意为自己服务的官员,他们定会视之为再生父母。

我们也有着"民之父母"一样的国家领导者。老百姓想要富裕,领导者帮助百姓发展经济;老百姓不想要贫穷,领导者帮助他们脱贫;老百姓想要健康,领导者推行全民合作医疗制度;老百姓想要老有所安,领导者大力推行老龄补助制度;老百姓想受教育,领导者加大了对教育的投资与改革;老百姓憎恶腐败,中央大力反腐倡廉;老百姓憎恶邪恶,中央大力扫黑除恶。老百姓生活在这样一个风清气正、可以安居乐业的时代，都是仰仗着领导者英明的决策和以民为本的情怀，这样的国家领导者难道还不是堪比父母吗？所以，能好民之所好、乐民之所乐的领导者，就是老百姓的再生父母！

《诗》云："节彼南山，维石岩岩。赫赫师尹，民具尔瞻。"有国者不可以不慎。辟，则为天下僇矣。

《诗经·小雅·节南山》篇说："那巍峨险峻的终南山啊！山石矗立势不可攀。赫赫有名的太师尹氏啊！人民都在仰望着你。"所以，作为统治国家的人不可以不谨慎。如果偏离了道德规范，就会被天下所唾弃。

"节彼南山，维石岩岩"是比兴，将当时赫赫有名的尹太师比喻为巍峨的终南山，说明国家的重要领导者就如连绵群山中最高的山一样，大家都望之而被其引领。信息不发达的古代尚且如此，更何况如今的多媒体时代，人们足不出户可知天下，领导者的一举一动尽在眼底。

企事业单位的领导、公众人物都是如此，他们是不同领域的高山，是不同范围内让人仰望的对象，德行、修养不可不高。"君子之德风，小人之德草，草上之风必偃。"社会风气是由社会当中关键人物引领的。但是，"人非圣贤，孰能无过。"每一个人又不是十全十美，总会有这样那样的不足。所以，作为公众人物，领导者物，不仅要不断加强自身修养，还要有改过的勇气。因为"君子之过也，如日月之食焉；过也，人皆见之；更也，人皆仰之。"君子犯了错误，人们都能看得见；他改正了错误，人们会继续仰望他。

作为一般的民众，我们也要修身，也要改过，我们还要有宽容的胸襟。不要把眼光放在别人的不足上，要推己及人。领导者又不是神，他们只是人，是人就会有人性的弱点。我们是普通人，却经常习惯用圣人的道德标准去衡量别人。许多为社会、为国家、为人类做出了巨大贡献的人，我们当永怀感恩之心，敬佩人家，学习人家，而不是挑人家身上的缺陷当饭后谈资。如刘邦，他因为"天下苦秦久矣"，带领百姓摆脱了秦朝的苛政，他开国所制定的惠民政策泽被后世，中国历史上，像这样的开国元勋为数并不多，可是，有些人还总是拿他有几个女人来说事。刘邦在历史上取得的成就与他有几个女人相比，哪一个更值得人去称道？再说了，这是人家的私事，与你何干！

所以说，作为领导者，作为公众人物，一定要秉持一颗端正的心，接受人民的监督，始终保有一颗为人民服务的心，诚心诚意做人民的公仆。作为普通的民众，要提升自己的修养，也要对为人民服务的人民公仆怀着感恩与敬意。

《诗》云："殷之未丧师，克配上帝。仪监于殷，峻命不易。"道得众则得国，失众则失国。是故君子先慎乎德。

商汤在位时，被人称为圣王，到末代纣王时，已失去民心，结束了商王朝的统治。所以纣王成了历代帝王的反面教材，都要以之为镜。得到天命不易，得敬畏天命。别说领导一个国家、一个省、一个市，就算你是一个小单位的一把手，也要为自己所辖区域、所担职责尽心尽力。不管官大官小，哪怕是一个学校的环卫工作者，也有责任让这个学校保持清洁。

总结商朝兴亡的得失，《大学》得出结论：治国之道无他，得民心者得天下！不管什么样的政府，根基在于民众；不管什么样的企业，顾客就是上帝；不管什么样的作者，读者满意是宗旨；不管什么样的教育，人民满意为原则。无论什么时候、什么地方，这一普世价值超越时空，经久不变。

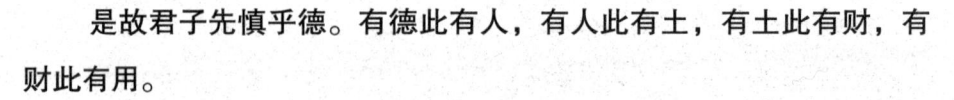

是故君子先慎乎德。有德此有人，有人此有土，有土此有财，有财此有用。

因此，领导者首先应该慎重地培养自己的品德。只有具备好的德行，才能得到人民的拥护；有了人民的拥护，才能占有广阔的国土；占有了广阔的国土，才能拥有充足的财富；有了充足的财富，才可供给国家的用度开支。

有德此有人。有德行的人才会受欢迎、受拥戴。孔子说："为政以德，譬如北辰，居其所而众星拱之。"所有做成一番大事的人，身边都聚集着许多才华各异的能人。刘邦和项羽相比，刘邦能容人，所以身边人才济济，项羽有一范增而不能用，所以到最后只能自己一个人带兵出逃。项羽能征善战，比刘邦不知强多少倍，可是刘邦谋略、胸怀、用人甚至德行强于项羽，所以能聚人气而拥有天下。

有人此有土。在古代，疆域的划分不是非常明确，拥有国民后，自然会有人民去开疆拓土。在现代社会，这个"土"，不仅仅指实有的国土，更多的应是虚指，指占有的市场、资源和拥有的信任。比如企业，你制造的产品质量过硬，消费产品的人就多，产品占有的市场范围就广阔。比如各省的名校，高考的升学率高、考上大学的人数多，它在全省招收的优质生源就多，赢得的信任度就高。

有土此有财。你占有的市场范围广阔，财富自然就汇聚得多；你招收学生的生源丰富，你收到的学费自然就增多。比如，我们国家的疆域辽阔，我们的自然资源就丰富。比如，农民拥有的土地广阔，种庄稼自然就收获多多。

有财此有用。国家有了财富，就可以用来加大公益事业的投入，提高人民的生活水平；企业有了财富，就可以扩大企业的规模，搞好员工的待遇；家里有了钱，就可以买房买车，搞好家庭建设。

有德行而聚人气，有人气而聚市场，有市场而聚财气，有财气则可以以财利民，总归一切，以德为本。

德者，本也；财者，末也。外本内末，争民施夺。

道德是治国的根本，财富是治国的枝末。如果表面讲道德而内心唯财是重，那就会与民争利并导致人民互相争夺利益。

我们发展经济不是为了创造更多的财富吗，为什么道德是治国的根本，而财富是治国的枝末？发展经济是为了创造财富，而创造财富是为了满足广大人民日益增长的物质和文化生活的需要。无论是领导者，还是一般人，选人当选德才兼备者。有德无才，才可以培养；有才无德，那这个人将会害人害己，更为可怕。有德的人，可以以德聚财；有才无德的人，就算用他的才赚来了不义之财，也守不住。要么赌，要么被没收，要么以各种各样的方式流失，因为世间因果不虚。

是故财聚则民散，财散则民聚。

所以说，如果把财富聚集于国库，那么民心都离散了；如果把财富施散给人民，那么民心都凝聚起来了。

国家发展经济，创造财富，充实国库，是集中力量为人民办大事。如为人民修铁路、办教育、发展科技、保障养老等公益事业。如果发展经济，把财富存在银行，视老百姓的需求于不顾，那么创造财富有何意义。中国实行以公有制为主体，最大的优越性就是可以用公有资产为公共服务。特别是在大灾大难面前，中国坚持"人民至上，生命至上"的原则，这在全世界没有其他哪个国家能做到的。

2021年夏天，河南发生水灾，国家大力赈灾，企业名流、爱国人士都纷纷驰援河南。鸿星尔克这样一个亏损状态下的民营企业，在关键时刻挺身而出，捐款5000万元。结果，鸿星尔克的散财行动唤起了千万国人的良心。国人抱着支持国货的爱国之心，疯狂地抢购鸿星尔克的商品，使得鸿星尔克商品库存告急，呼吁网友要"理性消费"。网友的消费是否"理性"、是否"野蛮"尚且不论，至少这一事件证明了"财散则民聚"的道理。

是故言悖而出者，亦悖而入；货悖而入者，亦悖而出。

因此，如果君主违背民心而发号施令，那么人民也会以违背君心的话来回敬他；如果君主违背民心而聚敛财富，那么人民也会以违背君心的方式使财富丧失掉。

我们常说，"以其人之道还治其人之身"。你对别人有什么样的态度，总会有人对你是一样的态度。爱人者，人恒爱人，敬人者，人恒敬之，财富也一样，该是你的，终究是你的，不该你赚的钱，你即使拥有也不会长久地拥有。因为你德行有亏损，不是因赌而输，就是因罚而被没收，要么因病而花完，总会以莫名其妙的方式流失掉。举头三尺有神明，天网恢恢，疏而不漏。有许多人挣了好多钱，自己却早早地无福消受，无他因，天眼所现。为什么说富不过三代，这指的是没有德行的人，赚得了不义之财，无论怎样都守不住。而那些以德为首的人，不以赚取财富为要，而是为他人、为社会而拼搏，这样的人岂止富三代，世世代代都能绵延祖先的庇佑与福泽。

《康诰》曰："惟命不于常。"道善则得之，不善则失之矣。

《康诰》说："天命是没有定准的。"这是说，行善积德就能得到天命，不行善积德就会失去天命。

没有人一出生就富贵一生，也没有人就注定贫贱一生。多少王子最后沦为乞儿，又有多少乞儿最后成为王子。好人好命，天命的标准是善恶。领导者为人处世、管理的准则，就是看你善不善，是不是一心为民。说很多漂亮的话，不如实实在在为民办一件事；写下许多空头支票，不如真心实意地告诉人们，自己其实一无所有。

命运不是一个固定的点，你的德行决定了你人生的走向。"积善之家，必有余庆；积不善之家，必有余殃。"命运的好与不好，看你走不走正道。

所以，君子慎乎德。先修德，再去施展才华。有德行作为航向，人生的帆船才不会倾斜；有德行的基础作为才华的内核，人生的发展才会基业长青。

三、举贤任能

《楚书》[①]曰："楚国无以为宝，惟善以为宝[②]。"舅犯[③]曰："亡人[④]无以为宝，仁亲以为宝。"

《秦誓》[⑤]曰："若有一介臣，断断兮[⑥]，无他技，其心休休[⑦]焉，其如有容[⑧]焉。人之有技，若己有之；人之彦圣[⑨]，其心好之。不啻若自其口出[⑩]，寔[⑪]能容之，以能保我子孙黎民，尚亦有利哉。人之有技，媢疾[⑫]以恶之；人之彦圣，而违之俾不通[⑬]。寔不能容，以不能保我子孙黎民，亦曰殆[⑭]哉！"唯仁人放流之，迸诸四夷[⑮]，不与同中国。此谓唯仁人为能爱人，能恶人。

见贤而不能举，举而不能先，命[⑯]也；见不善而不能退，退而不能远，过也。好人之所恶，恶人之所好，是谓拂人之性，灾必逮夫身[⑰]。是故君子有大道，必忠信以得之，骄泰以失之。

【注释】

①《楚书》：指《国语》中的《楚语》，记载春秋时期楚国的史事，凡二卷。楚，周朝诸侯国名，在今湖南、湖北一带。

②"楚国"两句：参看《国语·楚语下》和刘向《新序·杂事》。楚昭王派王孙圉（yǔ）出使晋国。晋国赵简子问楚国的珍宝白珩（美玉名）所值几何？王孙圉答道："楚国从来没有把美玉当作珍宝，只把观射父（人名）这样德才兼备的大臣看作珍宝。"

③舅犯：晋国大臣，姓狐名偃，字子犯，是晋国公子重耳的舅舅，曾追随重耳流亡在外十九年，辅助重耳复国即位，佐成霸业，故尊称为舅犯。

④亡人：流亡在外的人，指晋国的公子重耳，其因晋国内乱而逃亡在外，历十九年之久，后回国创建霸业，成为春秋时期"五霸"之一的晋文公。

⑤《秦誓》：《尚书·周书》中的一篇。秦穆公伐郑，在崤（xiáo）地被晋击败，归后悔过，告诫群臣，作《秦誓》。以下所引的一段话，在《秦誓》中略有不同，原文为："如有一介臣，断断猗无他技，其心休休焉，其如有容。人之有技，若己有之；人之彦圣，其心好之。不啻如自其口出，是能容之。以保我子孙黎民，亦职有利哉。人之有技，冒疾以恶之；人之彦圣，而违之俾不达。是不能容，以不能保我子孙黎民，亦曰殆哉！"

⑥断断：真诚不二的样子。兮：《秦誓》原文作

"猗"，语气词。

⑦休休：平易宽广、善良敦厚的样子。

⑧有容：有容人之量，能够宽容他人。

⑨彦圣：指德才兼美的人。彦，俊美。圣，聪明。

⑩不啻（chì）若自其口出：不仅是口中说出来，意为说话与思想一致。不啻，不但。若，《秦誓》原文作"如"。

⑪寔（shí）："实"的异体字，实在，确实。《秦誓》原文作"是"，下同。

⑫媢（mào）疾：妒忌。媢，《秦誓》原文作"冒"。疾，通"嫉"。

⑬违：阻碍，反对。俾（bǐ）：使。通：《秦誓》原文作"达"。

⑭殆（dài）：危险。

⑮迸（bǐng）：通"摒"，驱逐。四夷：四方之夷，即东夷、西戎、南蛮、北狄，古代对四方边境少数民族的泛称。夷，古代特指东方部族，泛指周边部族以及所有外国。

⑯命：当作"慢"，怠慢。

⑰逮（dài）：及，到。夫（fú）：助词，此。

【白话解读】

《楚书》曰："楚国无以为宝，惟善以为宝。"

《国语·楚语》中说："楚国没有什么可以当作珍宝，只有那善德的人才是真正的珍宝。"

这是《楚语》中记载的春秋时期楚国的史实。楚昭王派王孙圉出

161

使晋国，晋国赵简子问楚国的珍宝白珩所值几何，王孙围就回答了这样一句话。这句话说明了人才对一个国家的重要性。

再强大的国家、企业，再兴旺的家族、单位，没有人，最终都会走向没落，如前文所说的那样"有人此有土，有土此有财"。国家要根据国情而适当调整人口政策，当经济发展了，人们的温饱问题解决了，还要考虑国家永续发展的问题。所以，现在国家不仅开放二胎政策，还鼓励人们生育三胎，这就体现了人的重要性，没有人，一切无从谈起。

国家、企业、单位、家庭，人是第一位的。但是，如果都是自私的、懒惰的、愚昧的、低素质的人，那么，国家、企业、单位和家庭也不会有未来。如果这个国家里，有一批一批为国为民打拼、造福一方、德才兼备的人，那么，这个国家的发展必然蒸蒸日上、欣欣向荣。国家地域再辽阔、资源再丰富、珍宝再繁多，如果没有人来守卫它，没有人来经营它，这些被称为土地的、物产的、珍宝的东西都会被人抢夺一空。

就拿一个家庭来说，你有万贯家产，但儿女都是吃喝玩乐的败家子，这些家产又如何能守得住呢？所以古话说，万贯家财，不如一技在身；满腹经纶，不如一善在心。所以，善人为宝，是家之宝、国之宝。发展教育的目的就是教人向善，让人人都成为国家的栋梁、国家的珍宝。

舅犯曰："亡人无以为宝，仁亲以为宝。"

舅犯说："逃亡在外的人没有什么可以作为珍宝，只有以仁爱之心来对待亲人当作珍宝。"舅犯，晋国公子重耳的舅舅，字子犯。他追随重耳流亡在外十九年，辅助重耳复国即位，佐成霸业，故被誉称为舅犯。

第十章 释"治国、平天下"

舅犯的话说出了我们看人用人的要害。对于重耳来说，离开父母之邦，流亡异国他乡，最珍贵的就是常随他左右的亲人。患难见真情，当时的重耳前途未卜，身份不是帝王而是流亡者，只有真正用心对他的人才会不离不弃。也只有重情重义的人，才会对陷入危难的人不离不弃，这样的人以义为先，是为善人，应视为珍宝。无论重耳在流亡期间，还是后来成为晋国国主，都以这样的人为宝。

其实，我们身边的人，谁对你真心，谁对你假意，在平常的日子里你很难知道。但是，当你陷入困境、生活艰难的时候，最能检验出朋友的真伪。俗话说，"穷在闹市无人问，富在深山有远亲"，这是人世常态。当你落魄的时候，还有人愿意帮助你、安慰你、点拨你，这些人才是你的生命之宝。因为，你在危难的时候，别人从你那里无利可图，却依然愿意对你好，这些人就是你生命中的贵人，这份情谊就是你生命中珍贵的东西。

《秦誓》曰："若有一介臣，断断兮，无他技，其心休休焉，其如有容焉。人之有技，若己有之；人之彦圣，其心好之。不啻若自其口出，寔能容之，以能保我子孙黎民，尚亦有利哉。"

《尚书·秦誓》说："假如有这样一个臣子，他忠诚老实，但没有什么技能，他的心地宽厚善良，很有容人之量。他看到别人有技能，就像他自己拥有一样；别人有美好的德行，他从心底里敬佩喜欢。一如从自己口中说出的那样，这样的人能包容别人，因而一定能够保护我的子孙和百姓，对我是有利的啊！"

《秦誓》里描述了一个心胸宽广、德行高尚的人。他虽然没什么才能，但是别人有才能，他一点也不嫉妒，因别人有才能而欢喜，为他人施展才能而欢喜，以别人的快乐为快乐，以别人的幸福为幸福，真心地欣赏别人、成就别人、祝福别人。这个人把他人当自己，把自己当他人，没有分别心。别人赚钱了，就好像是自己赚钱了；别人高升了，就好像是自己高升了；别人得奖了，就好像是自己得奖了；别人的孩子优秀，就好像是自己的孩子优秀。他消除了自我，敞开胸怀，热爱众生，是无我无私、大慈大悲之人。

"管鲍之交"是中国人形容朋友之间亲密无间、互相信任的关系，源于一段代代流传的佳话。他们本来各事其主，管仲辅佐的公子纠被鲁庄公杀死，而鲍叔牙辅佐的小白却阴差阳错地回国继位成了齐国国君，史称齐桓公。齐桓公要报管仲当年射杀之仇，而鲍叔牙却极力推荐齐桓公重用管仲。齐桓公说："我早已想好了，在我的大臣中，你是最忠心、最能干的了，我要请你做相，帮助我富国强兵。"鲍叔牙说："我比管仲差远了。我不过是个小心谨慎、奉公守法的臣子而已，管仲才是治国图霸的人才。您要重用他，他将为您得天下。"于是，齐桓公任命管仲为相，最终成就霸业。

管仲曾说："生我者父母，知我者鲍子也。"鲍叔牙哪里只是知人而已！他身上有一种看淡"自我"、成就"别人"的大我精神和无我精神。在富贵与权势面前，他以大局为重，成就别人，成就伟业。为什么说这样的人"能保我子孙黎民，尚亦有利哉"，看看齐桓公成就霸业的事就能知道。齐桓公成就春秋霸业，管仲功不可没，然而，管仲身后的鲍叔牙，才是厥功至伟。如果没有鲍叔牙的甘为人后，历史又当如何呢？所以，这样的人既自知，又知人，更无私无我、宽广博大。这样的人，国家能够赏识重用，就是国家的福气、人民的福气。

"人之有技，媢疾以恶之；人之彦圣，而违之俾不通。寔不能容，以不能保我子孙黎民，亦曰殆哉！"

反之，"有一种人，看到别人有技能，就心怀嫉妒地加以憎恶；

别人有美好的德行，就加以压制、阻碍，使之不能上达于国君。这样的人不能包容别人，因而势必不能保护我的后代和百姓，要是用这样的人，可以称得上是危险的啊！"

这里描述的人和前文所说的人恰恰相反。这里描述的人，是一种嫉贤妒能、心胸狭窄的小人。现实生活中，这种人比比皆是，见不得别人比自己强，见不得别人比自己过得好，生怕别人比自己发展得好，见到别人好就难受，见到别人好就想去打压，好像全世界的人只有自己过得好才快乐。这种人是典型的以自我为中心、心中只有自己、容不下别人、自私自利、唯我独尊的小人。

汉高祖刘邦在洛阳南宫与群臣一起总结自己取胜的经验时，高起、王陵说："项羽妒贤嫉能，有功者害之，贤者疑之。"项羽妒贤嫉能，把有功劳的部下杀害，有贤德的人不用，刚愎自用，所以兵败东城，自刎乌江。同为鬼谷子学生的孙膑和庞涓，庞涓嫉妒孙膑的才能，陷害孙膑，使其被挖去膝盖骨。然而，害人就是害己，后来庞涓在孙膑的计谋之下，于马陵之战中输给了孙膑，含恨而终。岳飞是忠臣，可是赵构硬是担心他的存在威胁自己的皇位，与秦桧一起置岳飞于死地。这样的人，连忠臣能将都不能容，怎么会保子孙黎民？这样的人放在重要的位置上，的确是"殆哉"啊！

所以说，作为国家的领导、企业的领头人、单位的主事者，心胸要非常宽广，能海纳百川。领导者最大的才能是能识人、会识人。领导者不是比谁都强，而是能将在某些方面比自己强的人放在最适合的岗位上，给他机会，让他发展自己、成就自己，让他自利、利他，让他人尽其才、发光发热。领导者不是事必躬亲，而是把每一个有才能的人聚拢起来、团结起来，拧成一股绳，让他们在他们喜欢的岗位上，快快乐乐地、尽心尽力地去施展他们的才能，发挥他们的作用。

这样的企业、这样的单位必然会充满活力，也充满潜力。

比如一个体育馆的馆长，你的任务不是去学长跑、跳高、跳远、跨栏，而是发现能长跑、跳高、跳远、跨栏的人才，让能长跑的去长跑，能跳高的去跳高，能跳远的去跳远，能跨栏的去跨栏。千万别将人才放错位置，把能长跑的安排去举重，把能跨栏的安排去跳远。

对于我们个人来说，身边有比我们优秀的人，这是上天的美意，是让我们学习他，我们应当珍惜这样的缘分，为我们身边有这样优秀的人而庆幸，而不是去嫉妒。再说了，你嫉妒优秀的人，不仅不影响别人的优秀，反而阻滞了自己的成长。因此，见贤即思齐，见不贤即自省，别再消耗自己的能量暗中嫉妒别人，自讨苦吃，得不偿失。放开心胸，能容人；放下身段，学他人。

唯仁人放流之，迸诸四夷，不与同中国。

只有有仁德的国君才会把这种人流放，驱逐到东夷、西戎、南蛮、北狄居住的边地，不许他与贤人一起在中原地区居住。

这里，《大学》指出，领导对待后一种人，应该流放他们。在现代社会，依照法律，领导者不能随便就把这种嫉贤妒能的人开除了，但最起码可以调离他，让他远离权力的中心，不让他危害身边有才能的人，从而危害集体的利益。然而，现实生活中，这种嫉贤妒能的人，靠着投机钻营，往往能欺骗领导者的法眼，从而紧紧地依附在权力的中心。有他们在领导的身边，就好像领导者与众多员工之间隔了一层屏障，让领导者不能清楚地识得真正有能力的人才。就像汉元帝与王昭君一样，王昭君绝世才貌，在汉元帝遍选秀女时，她为南郡首选，但是，因为她身有正气与傲骨，不肯贿赂宫廷画师毛延寿，毛延寿就故意把她画得很丑。昭君久居后宫，得不到皇帝的临幸，便心生悲怨，当匈奴首领请求和亲时，她自请出塞，此时的汉元帝才得见昭君真容，可是悔之晚矣。蒋勋曾经这样评价昭君出塞，在某种意义上来看，王昭君是对整个民族怯懦的一种反讽。她以一个孤独女子的身段出走塞外，在苍茫的天地中回看家乡故国种种，千山万水，颠沛流离。王昭君的自我放逐，刚烈中有一种苍凉，是人生的坎坷里自己对自己加倍的珍重与坚持。抛开别的方面不说，单单是小人作祟，也够她飘零一生了。

无论历史上，还是现实中，有多少毛延寿造成了或正在造成着汉元帝与王昭君的故事。唯有上位者独具慧眼，才能明辨忠奸，分清谁是小人、谁是君子。"亲贤臣，远小人"，方可让贤者尽其才，小人不得称其意。

此谓唯仁人为能爱人，能恶人。

这就是说，只有具备仁德的人才能做到爱憎分明，能够亲爱应该亲爱的人，憎恨应该憎恨的人。

仁德的人才会爱人，也只有仁德的人才有勇气、有力量去恨人，恨的背后也是爱，因为仁德的人内心有善恶的标准。只有智者才有辨别是非的能力，知人者智，智者会知道什么样的人值得爱，什么样的人要去恨。

从古到今，有多少领导者因为无识人之明，"亲小人，远贤臣"，该用的人没有用，不该用的人却用了，造成事业的失败。战国时的赵奢之子赵括，谈起兵法来他父亲也难不倒他。赵王不听劝告，执意让他接替廉颇为赵将。结果，长平一战，他死守兵书不知从实际出发，最终被秦军打败。赵国从此一蹶不振，赵王只有自食其果。

金兵围攻汴京时，郭京伪称能施"六甲法"，用七千七百七十七人可生擒金将退敌。钦宗对此深信不疑，乃授以官职，并赐以金帛数万。结果，开门迎敌，两军相遇，宋兵一触即溃，徽宗和其他皇亲国戚也被掳走。

这些用人失误的典型事例，后世用人者当以此为戒。能否爱人、能否恶人，这是对领导者辨别是非能力的巨大考验。心有良知，故有是非，连辨别是非能力都没有，则当爱者不爱，不当爱者爱之，势必造成用人不当的恶果，轻则误事，重则误国。

见贤而不能举，举而不能先，命也；见不善而不能退，退而不能远，过也。

发现了贤人而不能加以选拔，即使选拔了也不能尽早任用，这是对贤人的怠慢；发现了不善的人而不能加以罢免，即使罢免了也不能放逐到边远的地方去，这是在政治上犯了过分宽纵的错误。

三人行，必有我师。在一个集体内部，总会有能者与庸才。作为领导者，就看你能不能深入集体，发现可用之才。如果你整天只知道高高在上，俯视单位的员工，听任身边人的只言片语来了解你的员工，你便无法知道哪些人是真君子，哪些人是真小人。亲近你的人不一定都是真心为你好、为单位好，说不定是私心作祟，有利可图。没有刻意亲近你的人，未必都是无能者，说不定还是全心全意为企业、为单位打拼的实干家。更为可恨的是，明明是职工之间的才能比拼，许多人却在背后用利益贿赂人心，使能者不得尽其才，反让小人扬其名。长此以往，使得企业员工、单位同仁，心怀不平又无可奈何，最后只得心灰意冷，再无拼搏奋斗的激情。所以，领导者见贤而能举，见不善而能退，需要的是一颗公正的心、一颗仁爱的心，为企业、单位的发展营造一个良好的人才成长的环境，让所有的人都能安心地工作、快乐地成长。如此，你好，我也好，大家都很好。而大家好，才是真的好。如果因为小人的私心作怪，搅乱了单位的规则，获利益的只是少部分人，损害的却是大多数人的利益，这样的一颗老鼠屎，最终会坏掉一锅汤。

好人之所恶，恶人之所好，是谓拂人之性，灾必逮夫身。

如果好恶颠倒，喜欢人们所憎恶的，或是憎恶人们所喜欢的，这就叫作违逆常人的本性，灾难一定会降临到他的身上。

别人不喜欢的你偏喜欢，别人喜欢的你偏不喜欢，这就叫是非颠倒、黑白不分。如前面所讲的，不懂絜矩之道，没有"恕道"，没有同理心，不懂得将心比心，不懂得"己所不欲，勿施于人"的道理，违背人性。如桀、纣，人们喜欢良善，他们偏偏暴虐，这样的人，必遭祸殃。反之，作为领导者，好人之所好，恶人之所恶，别人喜欢的你喜欢，别人厌恶的你也厌恶。结果，你喜欢的别人也喜欢，你不喜欢的别人也不喜欢，你与别人同频共振，你就成了别人喜欢的人。

是故君子有大道，必忠信以得之，骄泰以失之。

所以，身居上位的君子有一条修己治人的大道理：一定要以忠实诚信待人，才会得到人民的拥戴；如果骄傲放肆，就会被人民抛弃。

《大学》对领导者说，治国要靠忠信，如果骄傲、怠惰，就会失去老百姓对你的信任。领导者尽心尽力地做好分内的事，诚心诚意地对待身边的人，必然会赢得人们的尊重与拥戴。得人心者事必成，所有的事都靠人去做。人好了，事必然好；人不行，什么事也办不好。因此，成事在人，领导者谋事先谋人，谋人必以诚！

四、以义为利

生财有大道：生之者众，食之者寡；为之者疾，用之者舒，则财恒足矣。

仁者以财发身，不仁者以身发财。未有上好仁，而下不好义者也；未有好义，其事不终者也；未有府库①财，非其财者也。

孟献子②曰："畜马乘③，不察于鸡豚④；伐冰之家⑤，不畜牛羊；百乘之家⑥，不畜聚敛之臣⑦，与其有聚敛之臣，宁有盗臣。"此谓国不以利为利，以义为利也。

长国家而务财用者，必自小人矣。彼为善之，小人之使为国家，灾害并至。虽有善者，亦无如之何矣！此谓国不以利为利，以义为利也。

【注释】

①府库：古代国家收藏财物文书的地方。府，指机构。库，指建筑物。

②孟献子：姓仲孙，名蔑，春秋时鲁国大夫。

③畜马乘（shèng）：指大夫之家。战国以前，马一般都是用来驾车的，当时社会中的人由于等级不同，驾车所用马的数量也不同，大夫用四匹马，士用两匹马。畜，豢养，这里是有的意思。乘，四匹马拉的车子。

④不察于鸡豚（tún）：意为做了大官的人，不应该关注养鸡养猪的财利。察，关注。豚，小猪，这里泛指猪。

⑤伐冰之家：丧祭时有条件用冰保鲜的家族，指公卿之家。

⑥百乘（shèng）之家：拥有一百辆车乘的家族，指有封邑采地的大家族。

⑦聚敛之臣：搜刮钱财的家臣。聚，聚集。敛，征收。

【白话解读】

生财有大道：生之者众，食之者寡；为之者疾，用之者舒，则财恒足矣。

创造财富有一条重要的原则：生产财富的人要多，消耗财富的人要少；管理财富的人要勤快，使用财富的人要节俭适度。这样，财富便会长久地保持充裕了。

这一段告诉领导者如何创造财富，如何让国家财政充足、人民富裕。别说一个国家，即使一个家庭，如果每个家庭成员都是财富的创造者，这些家庭成员又很少追求高消费，主管家庭支出的人又勤劳节俭，那么，这个家庭必然财富充裕。比如许多双职工家庭，父母退休，儿女已大学毕业参加工作，全家人挣工资，且都懂得理性消费，保持节俭朴素的美德，这样的家庭，财富就如滚雪球一样，越滚越大。假如一个家庭，全家人都拿工资，可是有一个铺张浪费的败家子，挣一个想花两个，消费追求名牌，房要豪宅，车要豪车，那么，这个家庭无论挣多少钱都会被挥霍殆尽。再假如有这样的家庭，全家几口人，只有少许人挣钱，而大部分人都是消费者，那无论如何都富裕不起来。尤其有些上有老人要赡养，下有孩子正读书，只有一个人出门务工的家庭，更谈不上富裕了。

一个家庭如此，一个单位、企业也如此。如果单位员工干活的人少，混日子的人多，无论怎么努力，事业也发展不起来。单位的员工都兢兢业业地做事，管理财政的人精打细算地做好收支工作，这样的单位，事业会越来越兴旺。

假如全社会都遵循这条生财之道，国家就会越来越富有、越来越强大。

仁者以财发身，不仁者以身发财。

仁德的人利用财富来完善自身的修养，不仁的人不惜用生命去积聚财富。

"以财发身"，说得通俗些就是仁德的人用财养命。有德行的人，时时不忘修养自己，不仅让自己的肉身生命安宁舒适，更多的是将时间、金钱花在对精神生命的提升上。不是有钱了就吃喝嫖赌，玩物丧志，而是在财富自由的便利下，提高自己的修为，丰盈自己的思想，拓展生命的内在空间。

比如有内涵的女人，不仅会花时间与金钱去逛街买衣服、买化妆品，还会花时间和金钱买书读、买课听，不仅让自己的外在形象鲜亮起来，也让自己内在的生命更加美丽。因为她知道，生命的妆容从来都是内外一体。在某种程度上，外在的妆容无论怎么努力，都会无可奈何花落去，不可避免地走向流逝，而内在的精神却可以越装饰越明亮。

对于国家建设来说，有财富了，就要重视对人的教育教化，重视精神文明建设，重视人的道德情操。人好了，国家就好，社会就好，哪怕是穷，都穷得有操守、有信仰。

"以身发财"，指无仁德的人用命换钱。在许多人眼里，金钱就是一切，乃至胜过生命。有俗语说，"人为财死，鸟为食亡"。鸟为食亡，我们能理解，鸟毕竟是鸟，为食而亡是出于本能；但人为财死，我们就不得不为之感到悲凉了。因为，人除了本能之外，还有更高的灵性与自我，为什么要丧失人的自我，而沦为与鸟同类的地步。那些因财而受贿入狱的官员如此，因财而杀人抢劫入狱的匪徒如此，因财而铤而走险贩毒被抓的毒枭如此。还有些人玩命地挣钱，舍不得吃，舍不得喝，舍不得穿，舍不得与人为善，舍不得休息，结果一场大病袭来，吃不了，也喝不了，将辛苦挣来的钱拿来治病保命，还是如此。这样的人，岂止无德，更是无知。

未有上好仁，而下不好义者也；未有好义，其事不终者也；未有府库财，非其财者也。

从来没有处于上位的人爱好仁德，而处于下位的人不喜欢道义的；从来没有喜欢道义的人，却不把事业进行到底的；从来没有府库中用仁义得来的财物，最终不属于自己所有的。

上好仁而下必好义。一个国家、企业、单位、家庭，领导者、主事人、当家人有仁义，他们的价值观正确，制定的政策就正确，言行举止就堂堂正正，那么下边的各级执行者就会讲道义。上面给出什么表率，下面就会怎么模仿，社会上的风气主要靠关键少数人的带动，老百姓最喜欢向社会上有影响力的人学习。如孩子们都喜欢明星们的衣着样式，媒体宣扬什么，百姓就崇尚什么。跳水皇后郭晶晶虽嫁入豪门，但依然崇尚节俭，为人低调，赢得粉丝的赞美。因此，作为领导者、公众人物、关键人物，他们的价值观会影响百姓的价值观，更要注意自己的修养。

喜欢道义者必有始有终。一个讲道义的人，必然诚信待人，而一个讲诚信的人，他许诺的事，必然会坚持到底。言必行，行必果。而那些做事半途而废的人，大多心中没有以义为准，生命没有精神的内核，就没有坚持的力量，没有坚持的力量，则遇到困难或诱惑，就很容易放弃或改变方向。"行百里者半九十"，原因就在于此。

成大事者必不敛小财。古代许许多多的帝王为自己敛财，就显得可悲可笑。

汉灵帝最喜欢的事不是治国理政而是置田买房，投资房产，在宫中西园建有自己的小金库。明神宗朱翊钧在历史上以贪财而出名，他的公主出嫁，要向朝臣讨取10万两白银随礼，还让地方官吏定期向他进贡，甚至在后宫开商铺捞钱。这样贪财的领导者，也算是人中奇葩，心里装的都是铜臭，哪里还有地方容得下天下苍生。一个人的格局决定了一个人的成就，一个胸怀天下的人，根本不把那些蝇头小利放在心上。袁隆平有禾下乘凉梦、水稻覆盖全球梦，他为解决众生的温饱而辛勤一生，就算他身无分文，依然是身价无限，被人称为"世界首富无冕之王"。

孟献子曰："畜马乘，不察于鸡豚；伐冰之家，不畜牛羊；百乘之家，不畜聚敛之臣，与其有聚敛之臣，宁有盗臣。"

孟献子说："养得起四匹马拉车的大夫之家，就不应该考虑喂鸡养猪的利益；丧祭时用冰保鲜的公卿之家，就不应该贪图饲养牛羊的利益；拥有百辆车乘的家族，就不应该养聚敛财富的家臣，与其有聚敛财富的家臣，宁可有盗窃主人财物的家臣。"

《大学》里引用孟献子的话，意在告诉领导者和家里本已富贵的人，要心怀道义，别在意那些蝇头小利。家里有几亿元的人，就没必要与街边小贩去抢做小本生意，把挣钱的机会留给他们，给人留些谋生之路。比如那些拿高薪的人，上街买菜时，没必要同那些乡下百姓为一根黄瓜、一根葱讨价还价，别说是否能减几块钱，讨价还价的行为本身就很掉价。它反映了分利必争的商人心态。笔者并不富裕，也不追求高消费，但每当笔者看到许多乡下农民朋友挑着新鲜水果蔬菜在城里售卖或摆地摊时，总会心生怜悯。都是谋生，他们要比自己艰难，自己最起码不用劳碌在田间地头，奔波在买卖的路上。于是，但凡笔者需要，就不同他们讨价还价。吃着他们供给的农家菜蔬，笔者总是心怀感恩。

笔者想，有钱人扶贫济困可以捐钱捐物，我们这些普通的人，别的无能为力，一些废品总是可以舍弃的吧。拿这些东西换几个小钱，自己也富不了；把这些东西舍了去，自己也穷不了。这些东西让需要的人拿去，才是物尽其用。每一个用双手、用劳动来养活自己的人都值得尊重。这些人有的有病，有的身残，有的无求生本领，但他们自食其力，不给国家增加负担，就是在为社会做贡献。我们这些生活境遇比他们好的人，当帮助他们、尊重他们。

纵使有万贯家财，如若"拔一毛而利天下，不为也"，他也是穷人。因为，贫穷与富有不看你拥有多少，而是看你内心是否觉得你拥有的足够多。真正的慈善，不是看你捐献多少有形的财物，而是看你捐物背后的发心，就像达摩对梁武帝的讲法一样，有为之心皆无功德。

孟献子主张富贵人家别计较小利，别与民争利，让人非常感动。特别是后面一句"百乘之家，不畜聚敛之臣，与其有聚敛之臣，宁有盗臣"体现了其人民利益至上的价值观。一个拥有百辆马车的大家族，宁愿有家臣偷盗自己的财产，也不愿意有家臣去帮他搜刮民脂民膏，宁愿牺牲自己的利益，也不愿损失百姓的利益。现代社会虽已没有那么大的家族了，这一用人的原则照样适用于大企业、大集团。

长国家而务财用者，必自小人矣。彼为善之，小人之使为国家，灾害并至。虽有善者，亦无如之何矣！

作为一国之长的君主，如果专门注重积聚财货，一定是受小人的误导了。君主还以为这种小人是好人，其实，如果任用小人来治理国家，那么灾难祸害必将一齐到来。等到民心离散之后，即使有善人贤者，也已无法挽救了！

《大学》里认为，作为领导者如果注重积累财富，一定是受小人误导。笔者觉得这话并不十分准确。只能说，领导者有可能受小人蛊惑，偏离了施政轨道而专门敛财。但是，如果领导者有自己的文化信仰、精神节操、为民情怀，小人再怎么煽风点火，也会不为所动。小人只是外因，最关键的还是领导者要自己有正见、有主见，自己掌好自己的舵，扬好自己的帆，撑好自己的船。

就怕领导者、掌舵者不识人，耳根软，把有些居心叵测的小人误认为是好人，把有些有意显得自己好的人当成了真正的好人，而把这样的人放在了重要的位置上，让他去管理国家，其结果必然误国害民。

秦朝宦官赵高与秦二世、李斯狼狈为奸，害死公子扶苏之后，嫌李斯碍他手脚，便设计害死了李斯。他为了钳制秦二世，压制大臣，竟然将鹿带入朝堂，对着秦二世，指鹿为马。有这样的奸佞小人当政，国家不亡才怪。西汉权宦石显逼死汉元帝的老师萧望之和周堪，蒙蔽圣听，排除异己，一手遮天，权倾朝野，致使西汉日渐式微。清朝贪官和珅为人圆滑，懂得察言观色，擅长讨乾隆开心，取得乾隆的信任之后，背靠皇权，大肆受贿贪污，直到被抄家时，他家的白银多达八亿两，相当于朝廷十几年的国库总收入，而这还没算上各种奇珍异宝，真可谓"富可敌国"。

领导者需要人辅佐，但如果用了这种以自我利益为中心的小人，则无异于豢养了一个国贼。"不恤君之荣辱，不恤国之臧否"，只会"偷合苟容，以持禄养交而已耳"。用了这样的人，害国害民，即使有贤德的人来收拾烂摊子，也无力回天。独木难支将倾之大厦，如晚清四大名臣曾国藩、李鸿章、左宗棠、张之洞，无论他们怎么开展洋务运动，都无法改变晚清闭关锁国而致的亡国之运。

此谓国不以利为利，以义为利也。

这就是说，治理国家的人，不应该以谋求私利为利益，而是应该立足于道义，以谋求全民的公利为利益。

《大学》写到最后重点强调，一个国家最高的价值观不是利益，而是道义。一个伟大的国家，支撑它的力量是伟大的精神、思想、文化和信仰。一个民族的精神世界、价值观，才是这个民族真正有生命力的地方。就像一个人，你外在的一切都只不过是内心世界的外化。

我们人之所以是人，是因为人除了本能的口体之养外，还有更高的精神需求。就像我们拥有了面包之后，还要在面包上加点奶油；就像我们有了住房以后，还要在屋内摆放鲜花。生命的肉体之上，还有更高级的东西，才体现了人之所以为人的意义和尊严。

我们的民族，我们的文明，之所以历尽磨难与沧桑，依然屹立于东方，且光辉灿烂，就在于我们的文化是以义为利，我们的道义滋养着一代又一代人的灵魂，每临生死关头，总会有仁人义士杀身成仁、舍生取义。远古尚且不说，就拿近代来看，晚清国亡，列强争相瓜分中国，如果没有那么多舍生取义之人为了国家而战斗，还不知道我们的国家现在会如何。然而，实际上，受道义文化的供养，为抵外辱，我们全民皆兵，捍卫了国家的领土，捍卫了民族的尊严，也捍卫了国家的将来。

说到底，一个讲道义的国家、企业、单位、家庭、个人，必然会永葆生机。

【学员心得】

以民为本　天下归一

◎ 陈　丽

民，读音mín，基本解释有5种：人民，如国计民生；某一类人，如公民、农民、居民、股民；民间的；非军人、非军事的；姓。

民，甲骨文字形是在眼睛下面加"十"，"十"是"又"的变形，表示抓握。造字本义是手持利器刺瞎战俘眼睛，使其无力逃跑，成为顺从的奴隶。金文中的"民"基本承续甲骨文字形，它的上部是一只左眼，下部则是一柄"刃物"，这柄"刃物"正刺向眼睛，强调"民"是无瞳的瞎子。当"民"的"奴隶"本义消失后，篆文再加"亡"另造"氓"代替。

在中国古代，"民"字主要指代没有官职的庶民百姓，《说文解字》中说："民，众氓也。""众氓"通"众萌"，意思是"一片萌发的小草"，象征着民众。"古者有四民，有士民，有商民，有农民，有工民"，"四民"是对当时平民职业的基本分工。现代汉语中，民的概念不断扩大，可被用来泛指人，现在我们常说的人民、民心等，都为此意。

中国文化中，以民为本的思想古已有之。人民常常被比为载舟的水，喻为培养种子的土地，视为枝叶生长的根本。《大学》中说："得众则得国，失众则失国。"在儒家看来，治国之道在于施行仁政，谋求民生福祉，使人民安居乐业，以争取人民的拥护。孔子说，君王用道德来治理国家，自己就会像北极星一样，处在一定的位置上，别的星辰都会环绕在他的周围。用道德来修身要通过积淀来体现出其优势，这种漫长的修为其实是为人和为政的捷径。一旦修成就能成为北极星一样，众星拱之。古往今来，各家关于民本的学说，表述虽然不尽相同，但阐明的是同样的道理：民心所归，大事可成；民心所离，立见灭亡。

西周以殷为鉴，"民惟邦本，本固邦宁"，开创了礼乐文明的繁盛。楚汉相争，刘邦、项羽都成了彪炳史册的英雄，可前者成就了千古霸业，后者却无奈乌江自刎，这难道真如项羽所言"此乃天意"吗？非也。刘邦、项羽二人相比，项羽比刘邦更有才能，但项羽恃才傲物，很少与属下谈心沟通，一意孤行，又兼好逞匹夫之勇，有妇人之仁，最终走向了灭亡。相反，刘邦没有突出的个人才能，但他善于听取各方良言，身边谋士极多，常常与他们交心倾谈，上下沟通，因此，他可以"运筹于帷幄之中，决胜于千里之外"，最终成为楚汉之争的胜者。

西汉初年，经历了秦末的战乱，因与匈奴的战争和数次内乱，民生凋敝，百废待兴。汉文帝吸取了秦王朝二世灭亡的历史教训，励精图治，废除苛法，推行德治，国家富强，百姓安居乐业。汉高祖刘邦在攻占长安之时，曾向百姓表示会废除秦朝的各种苛法。然而汉朝建立之后，却基本保留了秦朝的各种法律，官府一旦判定某人有罪，其家属往往连坐。汉文帝即位后，立即开始与大臣讨论废除连坐等苛法。

当时的大臣们认为，如果不采取严酷的刑法，百姓就不能够很好地约束自己的行为。实行连坐可以让人犯罪时有更大的心理压力，可以减少犯罪的概率。而且这个办法由来已久，官员和百姓都已经适应，所以应当继续实行。然而，汉文帝觉得制定法律的目的应该是禁止作恶、引导向善，实行连坐不仅让犯罪者被治罪，还让那些没有罪行的亲属受到惩罚，这不符合制定法律的目的。而且法律公正合理才能够让百姓认同，处罚适当才能让百姓服从。如果治理百姓的官吏不能够引导百姓向善，却要用严酷的刑法来处置他们，反而会造成更多的犯罪。大臣们无话可说，实行已久的连坐刑法就这样被废除了。

在废除各种苛法的同时，汉文帝大力倡导教化。百善孝为先，汉文帝将"孝"摆在各种美德的第一位。他曾专门下旨，要求各地照顾孤寡老人，为天下人孝敬老人做榜样，对年龄超过八十或九十岁的老人还给予更多的照顾。汉文帝不仅要求百姓行孝，自己更是以身作则，为百姓做出榜样。汉文帝的生母薄太后身体不好，在患病期间，汉文帝一直尽心地照顾母亲，不仅母亲的汤药是他亲手熬制的，为母亲喂药的工作也是他这个一国之君亲自来做。为了不让汤药烫伤母亲，每次他都提前尝试汤药的温度，直到不烫嘴才喂给母亲喝。汉文帝的孝行在当时广为流传，老百姓都知道当今的皇上是一位仁孝之君。后来元朝人编写《二十四孝》时，汉文帝亲尝汤药也位列其中。

汉文帝还特意废除了法典中的诽谤造谣罪。他以为，古人治理天下，并没有设立诽谤造谣这项罪名，因此所有臣子和百姓才敢直言进谏，没有任何后顾之忧。然而，如今的法律中却多了一项这样的罪名，臣子们担心获罪，都不敢进谏，百姓怕被惩罚，也不敢谈论政务，他会因此受到蒙蔽，察觉不到自己的过失，会蒙受极大的损失。因此，他要废除这项罪名，大家就可以打消一切顾虑，畅所欲言。

汉文帝放松了对民众言论的束缚，进一步提升了民众进谏的积极性。在朝堂上，他时常鼓励大臣大胆提出自己的意见。出宫走在路上，他听到有百姓在路边议论国事，也会驻足，认真聆听。

汉文帝还着力倡导节俭，他本人可以算作中国历史上最节俭的皇帝之一。据记载，汉文帝在位的23年中，没有新建任何宫殿和园林。曾有一次，汉文帝想在宫中修建一个露台，工匠经过预算说需要花费一百两金子，汉文帝认为一百两金子对于普通百姓实在是太多了，所以将修建计划取消。甚至连日常出行的车辆、自己的服饰，汉文帝也极少添置。他将皇宫的马匹大量调配给驿站，仅在宫中留下勉强够维持运转的马匹。他身上所穿的都是便宜的黑布衣服，即使是他宠幸的慎夫人，他也没有赏赐她任何奢华的衣物。

在修建自己的园陵时，汉文帝也力求简朴。整座陵墓依据地势修建，同时要求所有器皿装饰都不得使用金银等昂贵的材质，而采用瓦器。汉文帝的节俭行为，体现了他对百姓的爱惜、对民众疾苦的体谅。他以身作则，带领官员共同追求提高百姓生活水平。

为了提高百姓的生活水平，汉文帝开放山林水泽，百姓得以开发矿产，进行渔牧，农民的副业生产得到了较快发展。汉文帝又大大减轻了赋役。他曾经两次"除田租税之半"，将田租减为"三十税一"，也就是缴纳收成的三十分之一。"三十税一"也由此成为汉代定制。他还将成年男子服徭役的时间改为三年一次，大大减少了农民负担，使得百姓能够安心从事生产。为了鼓励百姓参与生产建设，他多次带领百官亲自下地耕种，并将皇帝耕种、皇后种桑当作礼制固定下来。对勤于生产的百姓，政府给予他们财产奖励。

汉文帝以修身躬行大行德治，在当时和后世一直被当作明君的典范。而当时的百姓更是因为德治的影响，生活水平大大提高，文帝也深得民心，受万民敬仰爱戴，整个国家的实力也大幅增强，开创出"文景之治"的盛世局面。

唐太宗谨记隋亡之殇，魏徵更以"水能载舟，亦能覆舟"劝谏唐太宗，要以史为鉴，爱民如子。如此，终成"贞观之治"。

清朝康熙皇帝有着比刘邦更为出众的才华，有着比项羽更为强健的体魄，有着比铁木真更为勇猛的军队，按理说可以安安稳稳地坐上龙椅。一次，他去长城察看城墙的毁坏情况，面对早已破落的长城，有的大臣认为要加固，以防外敌来袭，但康熙却坚定地说："我要修的是百姓心中的长城，这比真正的长城坚固好几倍！"是啊，这是明君的抉择，他明白"得民心者得天下"的道理。后来，他多次微服私访，体察民情，用自己的真诚打动了无数百姓，终于成为一代明君。

历史的发展进程证明了一个颠扑不破的真理：民心不可失。谁能时刻谨记"圣人无常心，以百姓心为心"，亲民、爱民、为民、利民、富民、安民，谁就能应对挑战、抵御风险、克服阻力、解决矛盾，厚植执政的政治基础。人民是历史的创造者，是决定党和国家前途命运的根本力量，这既是中国共产党对历史发展的经验总结，也是对今天执政规律认识的进一步深化。

只要不忘初心，深深扎根人民、紧紧依靠人民，始终与人民同呼吸、共命运、心连心，把人民对美好生活的向往作为奋斗目标，就可以获得无穷的力量，风雨无阻，奋勇向前。

民与国，相存相依；国与民，相辅相成。民富则国强，国强则民安，民心安即国之安。

后　记

　　《大学》原为给领导者讲的治国之学。无论是领导者，还是普通人，深读《大学》，都会终身受益。

　　人生就是一个不断超越的过程，而《大学》为我们提供了超越的方向。让我们认识自己而"明明德"；让我们真心实意地做到"亲民"，实现自己的价值；让我们向善而生，永远走在"止于至善"的路上。让我们不断地超越小我，升华自己，净化自己，实现自己，成就自己，从而真正地活出人的高贵与尊严。

　　我们深耕《大学》，学习做一个大写的人。我们汲取它的智慧，能认识自己，也能了解他人。我们接受它的教诲，能点亮自己，也能照耀他人。我们聆听它的教诲，不仅能热爱生活，也能认真工作。我们修习它的训导，不仅能知止而静定，还能因"所止"而奋发有为。《大学》的智慧，超越时空，永远散发着耀眼的光芒，我们依着它指引的方向前行，就不会因迷失而走得跌跌撞撞，也不因为无明而遍体鳞伤。

　　感恩圣贤们的法乳圣恩。自从接受了中国传统优秀的智慧文化的熏陶以后，我生命的暗夜里便有了光亮。生活中的琐碎依然还在，生命中的不如意依然还在，但我面对它们时的心境与以往有了不同。我能站在生活之外，跳出生命的边界来重新审视这些琐碎与不如意。我知道了，人生并不会事事心想事成，所有在你生命中发生的事、出现的人，都是对你的磨炼，都是来帮助你自我实现与自我完成。既然如此，我只需统统接纳便好。

感恩那些解读圣贤文化的学者大师。他们苦读钻研，几十年如一日，把得来的心得无私地讲与我听。我汇聚了他们的成果，再结合历史事件和我个人的生活体验，将之结集，才能呈现在您的面前。否则，凭我一个普通的语文老师，学识浅薄，根器愚钝，有何德何能，能解读圣贤文化？如果这本书里能有些许打动您的思想与见地，那都是我学习这些大师的成果。感恩中国政法大学郭继承教授、罗大伦教授、傅佩荣教授、曾仕强先生、翟鸿燊教授、空海法师。我是听了他们的国学讲座，才能对这些智慧文化有一丁点自己的体会，否则，我读书还只能如盲人骑瞎马——两眼一抹黑，更别说解读智慧文化了。

感恩学校领导的鼓励与督促，感恩镇安中学国学社成员的陪伴与协助。要不是傅校长、王书记、王校长、张主席、张宾主任、李本瑜主任的亲自过问与鼓励，凭我懒惰的本性，这本书不会这么快付梓成册。要不是国学社成员的陪伴与相助，我哪里有学习的动力与信心，是他们的认可与包容给了我继续分享下去的力量。

就像德国作家托马斯·曼说的那样："只要能完成，它也就是好的。"我也用这句话来安慰我自己，不管我解读得多么蹩脚，只要我完成了，也算是好的。这对于鼓励我的人，总算勉强有了交代，对我自己来说，也算是了却了一桩心愿。剩下的，就是振作精神，重新启程！